公務員の文書・資料のつくり方

見やすい！伝わる！

秋田将人［著］
Akita Masato

学陽書房

◎はじめに

　公務員の仕事は、「文書に始まり、文書に終わる」と言われます。
　それほど、文書や資料の作成は、いつの時代であっても、すべての公務員にとって必須のスキルです。そこで本書は、公務員の皆さんがさまざまな文書や資料を作成する際のポイントやテクニックを、豊富な実例を交えて、わかりやすくお伝えします。

　皆さんが毎日接する文書・資料は、上司への報告書、予算要求の補足資料、会議録、住民説明会のレジュメなど、非常に多種多様です。
　起案文書や議案といった正式のルールに基づいた文書もありますが、日々接する文書や資料は特に明確なルールが定められておらず、役所内の慣例や自己流でつくっているのが実情ではないでしょうか。
　そのため、若手職員や住民対応がメインだった職場から異動してきた職員は、資料作成に苦労することが少なくありません。
　「もっとポイントを短くまとめられないかな」「もう少し見せ方を工夫してほしい」など、上司から指摘されたことがある方は多いのではないでしょうか。
　私自身もまた、資料作成に苦労してきた一人でした。
　20代後半に、ある調査部門に異動したときのことです。この職場では、資料作成が業務の大半を占めていました。文字通り、朝から晩まで資料を作成し、上司に理解してもらうことが続く日々。先輩・上司からダメ出しを受け、鍛えられ、試行錯誤を繰り返して、資料作成のコツを1つずつ習得していったのです。
　当時は苦労したものの、この経験は、今に至るまで非常に役立っています。そして、「文書・資料のつくり方1つで、仕事の成否が決まる」といっても過言ではないと考えています。
　なぜなら、見やすく、伝わる資料をつくり、相手に資料の内容を理解し

てもらい、目的に沿って動いてもらうことができれば、効率的に、着実に仕事を前に進めていくことができるからです。優れた資料は、それ自体が雄弁に語ってくれます。つまり、内容を説明しなくても、読み手を説得してくれます。

　資料では、内容、見た目のどちらも欠かせない大切な要素です。どんなに素晴らしい内容が書いてあったとしても、読んでもらえなければ意味がありません。パッと一目で見たときに、読んでみたくなるような工夫が必要です。

　しかし、心配は無用です。

　文書・資料作成は１つのスキルであり、そのコツや注意すべきポイントを身に付けることができれば、そんなに難しいことではありません。本書では、わかりやすい構成・文章の資料をつくる基本から、説得力を持たせたり、見やすくしたりするためのさまざまな工夫も解説しています。

　また、一般のビジネス文書の本とは異なり、住民や首長、議員の立場で考えるなど、公務員が作成する資料に欠かせない視点も解説し、多くの実例を掲載しました。

　本書が、日々公務員として仕事に励む皆さんの一助になれば幸いです。

著　者

第1章 資料作成の鉄則

1. 資料の目的をきちんと意識する …………………………10
2. テーマ・種類を決める ……………………………………12
3. 締切を設定する ……………………………………………14
4. 読み手を具体的にイメージする …………………………16
5. 構成を考える ………………………………………………18
6. 分量を考える ………………………………………………20
7. 1文は短く書く ……………………………………………22
8. 5W1Hを意識する …………………………………………24
9. 基本フォーマットを活用する ……………………………26
10. 概要版・詳細版に分ける …………………………………28

コラム1　説明の「時間」は限られている …………………30

第2章 わかりやすい資料をつくる

1. 結論から先に書く …………………………………………32
2. 資料の構成がわかる見出しを付ける ……………………34
3. 原則、A4判1枚におさめる ………………………………36
4. 事実と意見は混同しない …………………………………38
5. 1ペーパー1テーマとする …………………………………40
6. 箇条書きの階層は3つまで …………………………………42
7. 日付と作成者を明記する …………………………………44

コラム2　資料にない説明で相手の気を引く ………………46

第3章 伝わりやすい文章を書く

1. なるべく短い文章で書く……48
2. 形式を統一する……50
3. 簡潔な記述を心がける……52
4. 具体的な数字を盛り込む……54
5. 誤解を招く表現は避ける……56
6. 住民視点で考える……58
7. 首長視点で考える……60
8. 議員視点で考える……62
9. 職員視点で考える……64
10. お役所言葉は使わず、言い換える……66
11. 敬語は正しく使う……68
12. よく使う敬語の例……70

> コラム3　相手に応じて資料・説明を使い分ける……72

第4章 説得力のある理由・根拠を明示する

1. データで根拠を示す……74
2. メリット・デメリットを説明する……76
3. 判断材料・選択肢を示す……78
4. 因果関係を説明する……80
5. 論理的に説明する……82
6. 現状の問題点を明らかにする……84
7. 今後想定される課題を提示する……86
8. 時系列の推移を示す……88

> コラム4　聞き手の視線に注意する……90

第5章 見やすい資料をつくる

① レイアウトを工夫する ……………………………………… 92
② 文字の大きさ、フォントを変える ………………………… 94
③ 下線・太字・斜体でメリハリをつける …………………… 96
④ 情報を盛り込みすぎず、余白を活かす …………………… 98
⑤ 注釈を付ける ……………………………………………… 100
⑥ 漏れなく、ダブりなく …………………………………… 102
⑦ フローチャート …………………………………………… 104
⑧ ロジックツリー …………………………………………… 106
⑨ PDCA ……………………………………………………… 108
⑩ ポートフォリオ …………………………………………… 110
⑪ グラフ ……………………………………………………… 112
⑫ 数式 ………………………………………………………… 114
⑬ 写真・イラスト …………………………………………… 116

> コラム5　複数の資料を説明するときは要注意 …………… 118

第6章 相手を動かす資料をつくる

① 上司に判断を求める資料 ………………………………… 120
② 上司に状況や経過を報告する資料 ……………………… 126
③ 住民説明会のレジュメ資料 ……………………………… 129
④ 首長への説明資料 ………………………………………… 132
⑤ 議員への説明資料 ………………………………………… 134
⑥ 行政視察対応資料 ………………………………………… 136
⑦ 新制度の課内での検討資料 ……………………………… 138
⑧ 議会での想定質問 ………………………………………… 140

> コラム6　説明にも重要な論理性 …………………………… 142

第1章 資料作成の鉄則

1 資料の目的をきちんと意識する

資料には目的がある

　自治体職員は日々、とても多くの資料を扱っています。予算要求に関する資料、住民説明会の資料、上司への提案書など、多種多様です。本庁や出先機関、部署を問わず、「今日は何の資料にも触れなかった」という方はおそらく少数ではないでしょうか。

　しかしながら、しばしば目的が明確になっていない資料を見かけます。それは多くの場合、「これは○○のために作成する資料」という意識が弱く、資料の位置付けがぼやけてしまっていることが要因です。

誰に何を伝えるのか

　例えば、保育園で発生した事故に関する資料を作成するとします。

　この場合でも、単に自分が見聞きした内容だけをそのまま書けばよいわけではなく、目的によって、伝えるべき内容や伝え方は異なります。

　その目的はさまざまです。読み手に情報を伝えるだけの場合もあれば、判断や決裁など、何らかの行動を起こさせる場合もあります。

　また、読み手が誰かによっても異なります。例えば、「上司への報告」なのか、あるいは「保護者へのお知らせ」なのか、それとも「保育士への伝達事項」なのか。

　事故の状況をとりいそぎ知りたい上司への報告であれば、事故の全体像を伝える必要があります。しかし、保護者へのお知らせであれば、自治体としての再発防止策がポイントになるでしょう。

　このように、資料作成の目的を明確にすることによって、伝える内容や誰に伝えるのかということも意識することになります。

　資料を作成して、読み手に「結局、この資料の言いたいことは何？」と言われないためにも、まずは資料をつくる目的を強く意識しましょう。

目的＝読み手に資料の意図を理解してもらう

◆係内の提案資料

目　的	係の業務改善案を提案する
読み手	上　司
してほしいこと	業務改善案を了承、実施してもらう

○○連絡会の資料の共有について

　現在、○○連絡会の会議資料は全出席者が各自に保管しています。しかし、書類が執務スペースを圧迫しているため、今後は整理・共有して1つのキャビネットに収納しておくことを提案します。

◆住民説明会の案内資料

目　的	住民説明会の開催を通知する
読み手	住　民
してほしいこと	住民説明会に参加してもらう

市役所周辺整備説明会のお知らせ

　今後、○○市では、市役所を含めた周辺の整備を進めてまいります。利用しやすい市役所の整備に向けて、計画の内容をご理解いただき、住民の皆様のご意見をいただきたいと考えております。
　つきましては、現在の進捗状況等も併せ、説明会を開催いたしますので、多くの皆様にご参加いただきますようお知らせいたします。

第1章　資料作成の鉄則

2 テーマ・種類を決める

テーマは単純明快に

　「ごみ収集方法の変更」について、住民を対象に説明するとします。目的は、参加した住民に「ごみ収集方法の変更」について正しく理解してもらうことです。

　このような場合、真面目な職員ほど、1つの資料にあらゆることを詰め込もうとする傾向があります。このごみ収集に関する説明会であれば、次のような構成の資料を想像してみてください。

　1　ごみ量の推移
　2　最終処分場の現状
　3　ごみ収集方法の変更
　4　5Rを目指して

　この構成では、最も重要な「3　ごみ収集方法の変更」にたどりつくまでの前置きが長くなってしまっています。「なぜ、変更する必要があるのか」も、もちろん大事ですが、最も重要な「どのように収集方法が変わるのか」がきちんと伝わらなければ、資料の目的を果たせません。

　資料の作り手は、「できるだけ多くの情報を伝えたい」と考えます。しかし、読み手は、「できるだけ短時間で読みたい」「内容をすぐに知りたい」と考えます。そのため、テーマはシンプル化することが大切です。

伝える内容に応じて種類を使い分ける

　資料には、①行政課題に対して上司に複数案を示し、選択してもらう提案書、②新たな事業提案を行う企画書、③事件や事故の顛末を時系列にまとめた報告書、④会議の結果を整理した議事録など、いろいろな種類（型）があります。

　資料の目的（テーマ）に合った、種類を決めることが重要です。

テーマをシンプルに考えて絞り込む

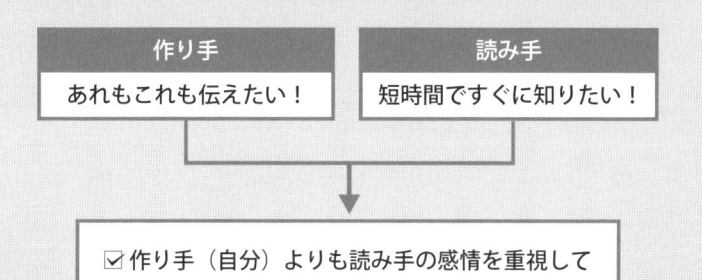

作り手	読み手
あれもこれも伝えたい！	短時間ですぐに知りたい！

- ☑ 作り手（自分）よりも読み手の感情を重視してテーマを絞り込む
- ☑ 自分が伝えたいことの本質は何かを吟味する

目的に応じて種類を決める

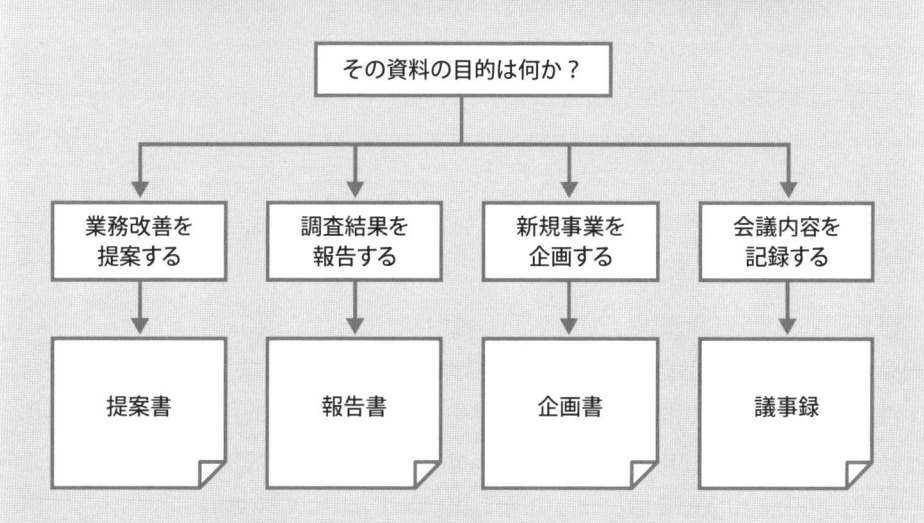

その資料の目的は何か？

業務改善を提案する	調査結果を報告する	新規事業を企画する	会議内容を記録する
提案書	報告書	企画書	議事録

その他、案内資料、概要書、説明書、顛末書……など、いろいろある。

第1章 資料作成の鉄則

3 締切を設定する

締切を守らなければ意味がない

　資料は、必要なときになければ意味がありません。例えば、課長が議会で説明する際に使う参考資料は、議会が始まるまでに目を通しておけるようにしておく必要があります。議会が終わった後に、「課長、ようやく資料ができました！」と持って行っても、雷が落ちるだけです。

　本人にとっては、練りに練った会心の作で、どんなに完成度が高い資料であろうと、実際に使用する時間までに間に合わなければ、その価値はなくなってしまいます。皆さんも、資料作成に凝りすぎて、指定された締切に提出できないという事態だけは避けてください。

上司が修正する時間も考慮する

　締切が指定されていれば別ですが、自分で締切を設定する場合には、周囲への配慮も重要になります。

　例えば、「課長が部長に説明するための資料」を作成するのであれば、当然、課長本人や係長のチェックを受けることになります。ならば、課長や係長が検討する時間も考慮する必要があります。また、軽微なミスや不備の手直しであれば、短時間での修正が可能ですが、もし趣旨の変更や追加の依頼など、大幅な修正を求められた場合でも対応できるように、十分な余裕を持って時間を見積もっておく必要があります。

　つまり、課長の部長説明の期日が10日ならば、課長には9日に確認してもらい、係長には8日に見てもらう、といったスケジュールを考慮する必要があります。場合によっては、課長、係長、作成者本人のそれぞれが異なるイメージを持っていることもあります。そうすると、三者が納得する資料を作成するために、思わぬ時間を要する場合もありますので、スケジュール設定には十分な配慮が必要です。

スケジュールは逆算して考える

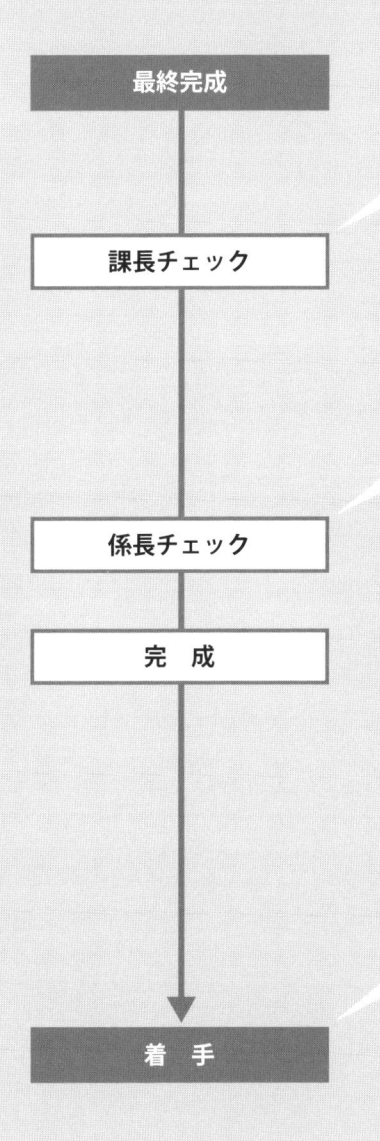

第1章 資料作成の鉄則

最終完成

係長に見てもらってだいぶブラッシュアップできてるだろうから、大きな修正はないだろうけど、念のため1日見積もっておこう。

課長チェック

係長にチェックしてもらう時間と、もし修正が必要になった場合のことを考えて、2日計算に入れておこう。

係長チェック

完　成

資料収集を含め、3日あれば十分間に合うかな。

着　手

4 読み手を具体的にイメージする

同じ資料であっても、対象によって内容も変わる

　資料を作成する上で、読み手を想定することは欠かせません。しかし、自分の伝えたい趣旨をまとめるのが得意な人ほど、読み手の立場を無視してしまうことがあるので、要注意です。

　資料を作成するときは、読み手の立場や知識、経験、欲しい情報の種類やレベルなどを、具体的に想定します。

　例えば、保育課の職員が「保育料の値上げが必要」という趣旨の資料を作成するとしましょう。読み手が上司であれば、現在の保育園運営に要する経費と、保護者負担（保育料・入園料）の割合や推移、他市の保育料との比較などの資料が必要であると考えられます。

　しかし、保護者が読み手で、保育料の値上げに納得してもらうための資料の場合には、これらの他に、保育料の推移や滞納の状況、市財政の現状などの資料があった方が、より説得力の高まる資料になるはずです。

　このように、同じテーマであっても、読み手が誰かによって必要な内容は異なります。

読み手を無視した資料とは？

　読み手に配慮するべきことは、内容だけではありません。次のような資料は、読み手を無視した資料と思われかねません。改めて、自分の作成している資料を確認してみてください。
- 高齢者向け資料に、細かい字でびっしりと書いてある
- 難しい字や用語にルビが付いていない
- 一般の住民に馴染みのない、行政内部の専門用語や略語を用いる
- 上司に政策判断を仰ぐのに、職員の事務作業の煩雑さを書いている
- 長い文章で書いてあり、どこがポイントなのかわからない

読み手（対象）によって内容も変わる

◆「保育料の値上げに関する資料」の場合

上司が読み手の場合	保護者が読み手の場合
◎保育園運営経費 ◎保護者負担の割合 ◎他自治体との比較 　など	◎保育料の推移 ◎滞納状況　など ⇒　これらがあった方が 　説得力の高い資料になる

◆「新規事業の検討に関する資料」の場合

事業の目的、概要、予算額などは共通だが、
対象者によって記載内容を変更する

同じ課の職員が読み手の場合	庁内首脳部が読み手の場合
◎課内の役割分担 ◎事業開始までのスケジュール ◎関係機関との調整方法 　など	◎予想される事業効果 ◎住民からの反応 ◎住民・議会への周知方法 ◎スケジュール ◎他市での実施状況 　など

5 構成を考える

どのような順番で伝えれば理解しやすいか？

　構成とは、資料全体の流れです。
　通常、資料をもらった相手は、上から順番に読んでいきます。そこで、相手がスムーズに理解できる資料の構成（流れ）を組み立てなければいけません。
　前項で「読み手を想定する」と述べましたが、構成は読み手によって変わってきます。例えば、同じ役所の職員であれば当然知っていることでも、住民から見れば、未知の内容かもしれません。そうであれば、それは資料の構成にも影響することになります。職員用の資料と住民用の資料では、構成を変える必要があるのです。

基本的な構成パターン

　では、具体的にどのような構成があるか、代表的なパターンを挙げてみましょう。
①結論・理由
　まず結論を書き、その後に理由を列挙します。
②問題点・解決策
　問題を提起し、その後に解決策を提示します。解決策を複数提示し、メリット・デメリットを記載の上、1つの案を選択する方法もあります。
③提案内容・効果・経費・課題
　提案する内容と、それによる効果、要する経費、予想される課題を明示します。
　その他、資料の種類ごとに、右のようなパターンが考えられます。参考にしてみてください。

資料の基本的な構成パターン

企画書
（新規事業の企画など）

① 企画概要（2, 3行で簡潔に）
② 期待される効果
③ 経費
④ 企画内容（5W1Hなど）
⑤ 想定される課題と対応策

提案書
（直面する課題への対応など）

① 問題点
② 提案内容（複数案提示する場合は、メリット・デメリットを明確にする。または点数をつけ、順位付けする）
③ 想定される課題と対応策

説明書Ⅰ
（予算要求や上司へのレクチャー）

① 概要説明
② 内容（5W1Hなど）
③ 今後の課題や対応

説明書Ⅱ
（課内での意思決定など）

① 結論
② 理由・根拠
③ 備考（今後の進め方、想定される課題など）

議事録・会議録

① 日時等（日時、場所、出席者）
② 決定事項
③ 主な意見
④ 備考（今後の予定、次回のテーマなど）
※全員の発言を記録する議事録もある

6 分量を考える

相手や状況を考えて、資料の分量を決める

　資料の分量をどのくらいにするのかも、重要なポイントです。
　一般的に、相手が首長や部長など、上の立場の人であるほど、資料は簡潔明瞭であることが求められます。もし、こうした方々に、何十ページにもわたる分厚い資料を手渡し、「それでは、この資料について1時間説明させていただきます」などと言ったら、怒られるのは必至です。
　もちろん、行政の重要課題で、十分な時間をかけて議論するという場合もありますが、通常は、「上の役職の人には短時間で要領よく説明する」ということを心がけておきましょう。
　一方で、住民説明会など、ある程度の時間をかけて説明する会合なのに、Ａ４判で１枚のみの資料だとしたら、「こんな内容のために、わざわざ呼び出したのか！」と思う住民もいるかもしれません。
　資料の分量は、相手や状況を考慮して決めることが重要なのです。

資料全体だけでなく、各項目の分量にも注意

　全体の分量だけでなく、各項目の分量にも配慮が必要です。
　例えば、①問題点、②提案内容、③今後の課題という構成の提案書を作成するとします。この際、最も重要なのは、②の提案内容です。
　にもかかわらず、①問題点の記述が、資料全体の半分以上を占めていたら、資料の趣旨を反映したものとは言えなくなってしまいます。
　資料の最重要事項に重きを置くためには、前段はできるだけ簡略化するなど、各項目ごとの分量を意識して、それぞれの重要性に応じてバランスよく書くようにしましょう。

相手や状況に応じて分量を決める

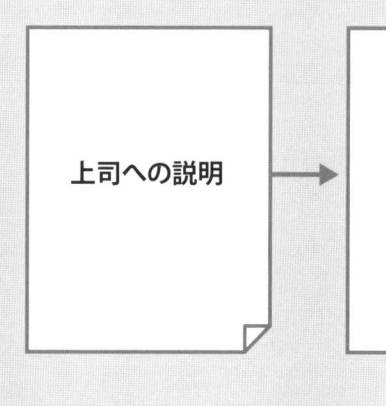

上司への説明
- 原則Ａ４判１枚で、多くても２～３枚。
- 見やすくするため、Ａ３判１枚にすることも。
- 必要であれば、概要版と詳細版に分ける。概要版で説明し、上司に「時間があれば、読んでください」と詳細版を渡す。

住民説明会
- 資料の種類は、２～６種類程度。
- １つの資料は、１～３枚程度。
- 当日配付する会議次第に、議題とともに資料一覧を掲載する。
- 資料のサイズ・フォントなどの統一、縦書き・横書きが混じらない、など体裁にも注意。

議事録
- 原則Ａ４判１枚（基本的には、日時・場所・出席者・結論などが一目瞭然であること）
- 「誰がどのような発言をしたのか」、「どのように意思決定したのか」など、個々の発言や会議の途中経過が重要な場合、すべての発言を記載した議事録を作成することもある。

7 1文は短く書く

ダラダラ長い文章は読みにくい

　皆さんにも経験があると思うのですが、長文で書かれた資料は非常に読みにくいものです。例えば、次のようなケースです。

　「平成24年12月に発生した県内小学校におけるアレルギー死亡事故をきっかけに、本市内の関係者からさまざまな意見が寄せられている。A小学校のＰＴＡ会長からは……、B町会の町会長からは……、C議員からは……との見解が示された。これを受け、本市教育委員会で対応を検討した結果、『アレルギー対応マニュアル』を3月までに作成し、各小中学校に配付することを決定した。併せて、各校への説明会も開催する」

　このような資料を渡された方は、いちいち文字を目で追わねばならず、非常に大変です。また、読み返す際にも、必要な箇所を見つけるまで時間がかかってしまいます。上記の内容であれば、右頁のように整理すれば、一目で必要な場所がわかります。

できるだけ箇条書きにする

　できるだけ短文で作られた資料を作成するためには、「箇条書きから始める」ことを意識することが有効です。箇条書きを意識すれば、一文が必要以上に長くなってしまうことは避けられるはずです。短文を意識しすぎて、内容に不備がある文章では困りますが、不要な修飾語や説明は思い切って省略し、主語と述語だけの「○○は××だ」のシンプルな文にします。

　「当日晴天の場合は……とし、雨天の場合は……とする」のような文章であれば、箇条書きにできますし、後述するフローチャートや図を用いればより見やすくなります。

できるだけ箇条書き、短文を用いる

◆1文が長い資料の例

本市におけるアレルギー対応について

1　経緯

　平成24年12月に発生した県内小学校におけるアレルギー死亡事故をきっかけに、本市内の関係者からさまざまな意見が寄せられている。A小学校のPTA会長からは……（略）、B町会の町会長からは……（略）、C議員からは……（略）。

2　対応

　教育委員会で対応を検討した結果、「アレルギー対応マニュアル」を3月までに作成し、各小中学校に配付することを決定した。その対象は……（略）。

◆箇条書き、短文を用いた資料の例

本市におけるアレルギー対応について

1　経緯

　平成24年12月　県内小学校でアレルギー死亡事故発生
　　　　　　　↓
　本市の関係者からさまざまな意見
　　・A小学校PTA会長：「……（略）」
　　・B町会会長：「……（略）」　　　　　　　対応が求められている
　　・C議員：「……（略）」

2　対応

　以上をふまえ、教育委員会では以下のように決定
　平成25年3月　「アレルギー対応マニュアル」作成
　　　　⇒　同月、養護教諭を対象とした説明会を開催

8 5W1Hを意識する

基本事項は必ず盛り込む

　すでにご存じだと思いますが、５W１Hとは、いつ（When）、どこで（Where）、誰が（Who）、何を（What）、なぜ（Why）、どのように（How）を示す言葉で、情報伝達のために押さえておくべきポイントです。

　最近では、誰に(Whom)、いくら（How much）を加え、６W２Hと呼ばれることもあります。

　資料を作成する際には、これらに注意しておけば、基本事項を書き忘れることはありません。しかしながら、この基本ができていない人が実は多いのです。なぜなら、基本事項をうっかり忘れるというよりも、「同じ役所内の人間であれば、暗黙の了解で大丈夫だろう」とか、「こんなことをあえて書かなくてもいいか……」などと思ってしまうからです。

　毎年開催している市民まつりの準備資料に、その「目的」や「開催場所」などが省略されてしまっているケースも一例です。毎年、当然のことと認識されているがゆえでしょう。しかし、例えば市民まつりの中で行う新しい企画が提案された際に、「そもそも市民まつりの目的に照らしてどうなのか」などと、検討する際に役立つことがあるのです。

複雑な資料のときも要注意

　５W１Hは、困難な課題や、複数の問題が絡み合ってしまったような状況を説明する資料など、複雑な資料でも案外見落としがちです。

　それは、難しい内容をいかに相手に伝えるかに気を取られてしまい、基本事項を見落としてしまうのです。説明を聞いている職員も、つい問題点や解決策に気を取られ、気づかないことが結構あります。しかし、「締切が書いていないけど、この事業はそもそもいつまでにやることなの？」といった発言で会議が振り出しに戻ることもあるので要注意です。

基本事項を盛り込んでいるか確認する

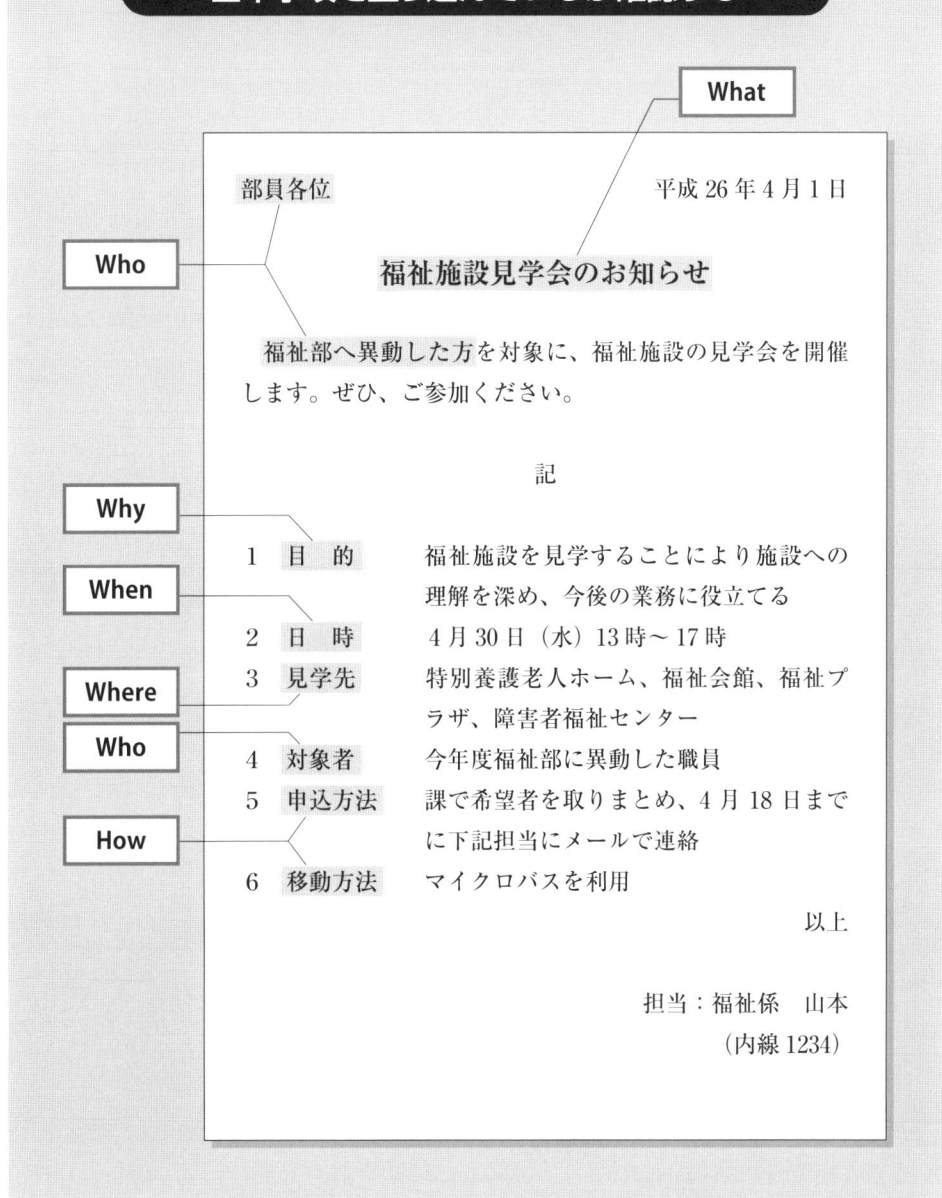

部員各位　　　　　　　　　　　　　　　平成26年4月1日

福祉施設見学会のお知らせ

　福祉部へ異動した方を対象に、福祉施設の見学会を開催します。ぜひ、ご参加ください。

記

1　目　的　　福祉施設を見学することにより施設への理解を深め、今後の業務に役立てる
2　日　時　　4月30日（水）13時〜17時
3　見学先　　特別養護老人ホーム、福祉会館、福祉プラザ、障害者福祉センター
4　対象者　　今年度福祉部に異動した職員
5　申込方法　課で希望者を取りまとめ、4月18日までに下記担当にメールで連絡
6　移動方法　マイクロバスを利用

以上

担当：福祉係　山本
（内線1234）

- What: 福祉施設見学会のお知らせ
- Who: 部員各位 / 対象者
- Why: 目的
- When: 日時
- Where: 見学先
- How: 申込方法・移動方法

第1章　資料作成の鉄則

9 基本フォーマットを活用する

フォーマットを活用すると考える手間を省ける

　資料を作成する度に、構成、内容、文字の大きさ、グラフ、図などを1つひとつを考えていくことは大変なことです。

　皆さんにもおそらく経験があると思うのですが、数値のみ最新のデータに修正さえすれば、簡単に完成するような資料があります。「こことここに、今年の人口を入れておけば、あとは自動計算で資料が修正されるから」などと、前任者から教わったことも多いのではないでしょうか。

　そこまではいかなくても、さまざまな資料の基本的なフォーマットを持っておけば、毎回ゼロから資料構成などを考える必要がなくなります。つまり、資料の種類別に定型化（フォーマット）して、それを自分のパソコンの中に入れておけば、上司から資料作成を命じられた場合も、作業がとても楽になります。

ベテラン職員の技を吸収する

　資料作成に精通したベテラン職員は、こうしたフォーマットを多数持っているものです。また、フォーマットといった形のものでなくとも、自分なりの「資料作成の王道パターン」を身に付けています。その人が作成した実際の資料を見れば、構成、記述、フォント、強調方法などの特徴が見えてきます。こうした技を盗めば、資料作成力がぐんとアップすることは間違いありません。

　職人の世界ではありませんが、役所の中でも資料作成の技術は継承されていて、資料づくりの名人はいるものです。そうした名人たちの技を積極的に習得、活用しましょう。

フォーマットの活用で資料作成を効率化する

◆議事録のフォーマット例

<table>
<tr><td colspan="3" align="center">議　事　録</td></tr>
<tr><td>会議名</td><td colspan="2"></td></tr>
<tr><td>年月日</td><td colspan="2"></td></tr>
<tr><td>時　間</td><td colspan="2"></td></tr>
<tr><td rowspan="3">出席者</td><td>(〇〇課)</td><td></td></tr>
<tr><td>(△△課)</td><td></td></tr>
<tr><td>(◆◆課)</td><td></td></tr>
<tr><td>決定事項</td><td colspan="2">1
2
3</td></tr>
<tr><td>主な意見</td><td colspan="2"></td></tr>
<tr><td>次回予定</td><td colspan="2"></td></tr>
</table>

◆会議次第のフォーマット

第1回〇〇検討委員会

　　　　　　　　　　　　　　　　平成26年5月1日　10時〜
　　　　　　　　　　　　　　　　庁舎第2会議室

議　事
　　1
　　2

配付資料
　　資料1
　　資料2
　　資料3

第1章　資料作成の鉄則

10 概要版・詳細版に分ける

概要版・詳細版とは

　さまざまな自治体や国からの発表資料をホームページなどで調べてみると、概要版と詳細版（本書、本文と言うこともある）の両方が掲載されていることがあります。概要版は文字通り、その発表資料のポイントがA4判数枚にまとめられており、詳細版は何十ページにもわたる分厚い資料となります。

　皆さんもご存じだと思いますが、こうしたさまざまな資料やデータなどを引用したり、活用したりする場合は、概要版で事足りてしまうことがほとんどです。詳細版を使用するのは、特定の事象について深く調べる必要がある場合など、限られたときだと思います。

　このように、資料の利用者からすれば、概要版・詳細版があるのは、非常に有り難いのです。

重要なポイントをまとめたものが概要版

　では、実際に概要版・詳細版を作成する立場から考えてみましょう。詳細版については、その内容についてすべてのことが書いてあることが重要ですから、資料の分量は問題ではありません。

　これに対し、概要版は限られた分量でポイントを示すわけですから、重要性に着目して記述することが必要です。例えば、詳細版が3章立てになっていても、重要な章が1つだけなら、それだけを取り上げることもあります。もちろん、詳細版の構成をまねて、全体を薄く広くまとめるという方法もあります。どちらが正しいということではなく、内容によりまとめ方が違うのです。さまざまなホームページ等で確認してください。

概要版の資料の例

◆東京都観光産業振興プラン（抜粋）

第1章 東京の観光振興の意義（総論）

これまでの取組（H13～23年度）

◎「東京都観光産業振興プラン」策定（H13.11）、「同プラン」改定（H19.3）

主な実績
- 訪都外国人旅行者　：H13 267万人 ⇒ H22 594万人【過去最多】
- 経済波及効果（H22）：観光消費額 4.5兆円 生産波及効果 9.8兆円
- 訪都国内旅行者※　：H16 3.7億人 ⇒ H22 4.6億人【過去最多】

主な施策
- 海外プロモーションの実施　・東京観光レップの設置
- ウェブサイトによる情報発信　・東京フィルムコミッション
- 観光まちづくりの推進　・観光情報センターの設置、情報提供

※訪都国内旅行者 日本人の旅行者

観光を取り巻く状況

◎世界の旅行者は増加傾向（今後20年で9億人→18億人）
◎日本の外国人旅行者受入数は低水準（H22 世界30位、アジア8位）
◎日本の国際観光収支は大幅な赤字（H22 ▲147億米ドル）
◎国際的な旅行者誘致競争の激化、旅行者ニーズの多様化が進展

＜東京の特性＞
◎伝統、文化、食、自然等の多彩な資源 ｜ 2面を併せ持つ、洗練された都市
◎快適・便利・安全などの質の高い環境

新プランの基本的な考え方

＜計画期間＞
◎ 平成25年度から29年度までの5年間
＜理念＞
◎世界の旅行者に選ばれる観光ブランド都市・東京の実現 ⇒ 東京ブランドの確立
◎何度訪れても楽しめる東京の実現 ⇒ 東京ファンの獲得
＜施策展開の方向性＞
◎日本のゲートウェイとして外国人旅行者誘致を強化。ビジネス市場や新規市場の開拓など、新たな視点による施策を展開
◎外国人旅行者を惹きつける観光資源の開発・発信。地域活性化に向けた魅力を創出し、満足度を高めるホスピタリティを向上

洗練された都市としての東京の魅力をさらに磨き上げ、
国内外の旅行者誘致を積極的に進める

目標（基準年 H23 ⇒ 目標年 H29）

◎訪都外国人旅行者 410万人 ⇒ 1,000万人
◎訪都国内旅行者 4.2億人 ⇒ 5.1億人

※目標達成により観光消費額 約5.3兆円、生産波及効果 約11.5兆円を見込む

コラム1 説明の「時間」は限られている

資料とともに説明も重要

「完璧な資料を作成したのだから、説明の仕方なんて関係ないのでは？」と思う方もいるかもしれませんが、そんなことはありません。

実際に作成した資料を用いてどのように説明するかも大切です。

例えば、完璧な資料を作成したとしても、その資料説明の際、一言一句同じことを言っていたら、「資料に書いてあるのだから、説明しなくてもわかるよ」と言われますし、あまり資料から離れた説明をしていては「それはどこに書いてあるんだ！」と苦情が出ることは必至です。

相手にきちんとこちらの意図を伝えるためには、資料と同時に、説明の仕方も重要なポイントなのです。

エレベータートーク

資料は、限られた時間で的確に説明することが重要です。説明を聞く相手の時間は限られています。相手の役職が上であるほど、短時間に的確に説明することが求められます。

資料の丸読みや、資料から外れた説明では、聞き手は「？」となってしまいます。また、本当に時間がない場合は、結論だけ口頭で話して、「詳しくは資料に書いてありますので、時間のあるときにお読みください」と資料を渡すだけということもあります。

エレベータートークとはエレベーターに乗り合わせている短時間で簡潔に用件を伝えることを指しますが、このような技術が説明者には求められます。

第2章

わかりやすい資料をつくる

1 結論から先に書く

結論が最後にあったら

　どのような資料であっても、読み手が知りたいのは「何がどうなるのか」あるいは「何を伝えたいのか」という結論であり、全体像です。そこで、資料では冒頭に、結論や概要を書くことが重要です。

　その理由はおわかりだと思います。上から経過を読み進め、結論になかなかたどり着くことができない資料は、最後まで「結局、何が言いたいのか」がわからず、読み手にストレスが募ります。

　資料は小説や物語ではないのですから、その途中経過を楽しむものではありません。あくまで、読み手に時間をかけずに、結論や概要を理解してもらうものなのです。

先に結論を書くことで、読み手の問題意識を呼び起こす

　結論を先に書くことは、読み手の問題意識を呼び起こすことにもつながります。

　例えば、「来年度、図書館の予約システムを1億円かけて改修する」と冒頭に結論を書いてあった場合、読み手はいろいろな疑問を持ちます。

　「なぜ、改修が必要なのか」とか、「1億円も本当に必要なのか」「改修期間は図書館を休館するのか」などです。そうすると、そうした自分の疑問に応じて、結論以降の詳細についても目を光らせて資料を読むことになります。

　しかし、最後に結論が出てくる資料では、すべてを読み終えてから、ようやく「何で？」と疑問が生まれることになり、また資料を読み返さなければならず、二度手間です。こうした点からも、資料では結論を先に書くことが重要なのです。

結論を先に示せば、読み手はすぐに理解できる

◆**結論が最後に書いてある資料**

> 図書館の予約システムの改修について
>
> 1　経緯
>   平成　8年4月　　図書館予約システム稼働
>   平成12年5月　　ダブルブッキングがあり、住民からクレームが出る
>   平成25年8月　　システム業者から利用件数が多過ぎるとの指摘
> 2　現状
>   利用者数　152,100人
>   1日の平均予約件数　8,600件
> 3　問題点
>   (1)　住民からのクレームが年々増加
>   (2)　年に3、4回システムダウン
>   (3)　システム業者から処理能力を超えていると指摘
> 4　結論　←[ここまで読まなければわからない]
>   平成26年度に予約システムを改修する（経費：1億円）

◆**結論が最初に書いてある資料**

> 図書館の予約システムの改修について
>
> 1　主旨　←[何を言いたいかが一目でわかる]
>   26年度に予約システムを改修する（経費：1億円）
> 2　理由
>   (1)　住民からのクレームが年々増加
>   (2)　年に3、4回システムダウン
>   (3)　システム業者から処理能力を超えていると指摘
> 3　現状
>   利用者数　152,100人
>   1日の平均予約件数　8,600件
> 4　経緯
>   （略）

2 資料の構成がわかる見出しを付ける

見出しを見れば、概要や構成がわかる

　資料をつくるときは、ほとんどの場合、見出しを付けますが、見出しはできるだけ何を書いているのかが一目でわかるものを付ける必要があります。適切な見出しが付けてあれば、読み手は詳しく資料を見なくても、サッと資料全体の構成をつかむことができます。

　見出しのパターンは、だいたい決まっていますので、定型化しておくと、いちいち考えなくて済みます。先に述べた5W1Hなどが、まさにこの見出しに相当します。

　資料によって、書くべきこと（内容）は千差万別ですが、その伝え方（見出しの付け方）はだいたい決まっているものです。見出しもフォーマット化しておけば、いちいち考える手間を省くことができ、作業が楽になります。

キャッチーである必要はない

　資料の見出しは、内容を端的に一言で表すために付けるものです。

　しかし、ときどき、見出しに長文や文学的表現を用いた資料を見かけることがあります。例えば、「本年実施の防災訓練における地域住民と関係機関との意識の違いについて」「改革するのは今！」「市と地域住民との協働こそが、明日の市政を創る」などです。

　住民講座やイベントなどのチラシであれば、キャッチーな言葉でもよいでしょう。しかし、行政機関の職員が作成する一般的な資料の場合、キャッチコピーや宣伝ではないのですから、必要以上に凝ったものは必要ありません。

　資料の見出しは、簡潔明瞭かつ内容に合致したものであることを意識するとよいでしょう。

よく使う見出しの例

概　要	資料の概略を冒頭に書く場合
課　題	現在の行政課題や解決すべき内容
問題点	課題が分割できる場合に、複数の問題点に整理
具体的内容	具体的な内容説明
経　緯	これまであった事実経過
比　較	複数案を提示した際のメリット・デメリット
想定される課題	今後見込まれる課題

資料に適した見出しを付ける

多子世帯の給食費補助制度について（案）

1　概要
　　多子世帯の給食費の負担軽減のため、市独自に補助を行う。
2　対象
　　市内在住で、小学校から中学校までの児童・生徒が三人以上いる世帯に対し、三人目以降の市立小・中学校在学者の給食費を補助する。
　　なお、生活保護や就学援助を受けている世帯は、生活保護及び就学援助で給食費が支給されるため、対象外とする。
3　補助する金額　（上限額）

	月額	年額(11ヵ月分)
小学生	3,900 円	42,900 円
中学生	5,280 円	58,080 円

4　申請方法
　　対象の世帯には、学校を通して申請書を配布する。対象となる児童・生徒一人につき1枚学校に提出してもらい、審査後、学校を通じて決定通知を送付する。
5　支給方法
　　各学校へ直接支給する。

3 原則、A4判1枚におさめる

細かい字をびっしり並べるのはNG

　資料を受けった読み手にとって、簡潔明瞭にＡ４判１枚でまとめられた資料は内容もつかみやすく、ありがたいものです。

　ですから、資料をつくる際には、シンプルなテーマ、構成を心がけ、読み手がなるべく短時間で理解できるように、複数枚にわたるのはできるだけ避けた方が望ましいといえます。

　しかし、たとえＡ４判１枚におさめていたとしても、びっしりと細かい文字で埋め尽くされ、余白がほとんどないような資料では困ります。

　時折、「Ａ４判１枚」にとらわれすぎて、このような資料を作成する職員がいますが、若い職員同士で見るだけならまだしも、上司や住民にとっては不親切な資料と言わざるを得ません。

　Ａ４判１枚は、あくまで原則であり、伝えたい内容が１枚におさまりきらない場合は、複数枚でも仕方ありません。１枚目に概要を書き、詳細は「添付資料を参照」として、別紙にまとめます。

何を書き、何を書かないか

　Ａ４判１枚にまとめるということは、裏を返せば、「何を書き、何を書かないか」を十分考えることを意味します。情報を厳選し、「盛り込むべきもの」と「削ぎ落とすべきもの」を的確に判断しましょう。資料は、詳しければよいわけではありません。あくまで、ポイントを的確に伝えることが重要な使命であることを忘れないようにしましょう。

　なお、このＡ４判１枚にまとめることについては、『仕事はＡ４一枚でまとめなさい』(矢矧晴一郎著、あさ出版)が参考になります。時間があれば、一読してみてください。

できるだけA4判1枚におさめる

「学校安全ネットワークボランティア研修会」を開催します

　地域ぐるみで子どもたちを見守る「学校安全ネットワーク」を推進するために、各学校のボランティアを対象に、研修会を下記のとおり開催いたします。
　この研修会では、○○大学△△学部の××教授に御講演をいただきます。また、教育委員会が委嘱した学校安全ネットワークセンター校の代表による先進的取組みの実践発表も行います。

記

1　目的
　　各学校の学校安全ネットワークボランティア及び教職員を対象に、子どもの安全を守るための方策についての研修会を開催し、今後の活動に生かしていただく。
2　内容
　　学校安全ネットワークセンター校の実践発表（代表2校）
　　講演「子どもの安全のために地域ができること」（××教授）
3　参加者
　　市立小学校52校の学校安全ボランティア及び教職員（約200名）
4　日時
　　平成26年10月1日（水曜日）9時30分から11時45分
5　場所
　　市民会館　大ホール
6　添付資料
　(1)　□□小学校実践発表資料
　(2)　△△小学校実践発表資料

第2章　わかりやすい資料をつくる

4 事実と意見は混同しない

事実と意見は、資料の重要な要素

　資料には、「事実」を書くこともあれば、「意見」を書くこともあります。もちろん、両方を記述することもあります。

　例えば、事件・事故の報告書であれば、事実だけを淡々と記述する場合もありますし、最後に「今後の対応について」など自分の意見を加えることもあります。提案書であれば、直面している行政課題の問題点を明確にした上で、自分なりの対応策を提案することになり、前半が事実、後半が意見となります。

事実と意見を混同すると、判断に困る

　ときどき、この「事実」と「意見」の違いが判然としない資料があります。事実であるかのように資料に記述しているのですが、じっくり読み込んでみると、資料作成者の勝手な思い込みであったりするのです。「どこまでが事実なのか」「どこからが意見なのか」がわからない資料では、読み手は判断に困ってしまいます。

　例えば、事故の報告書にその経緯が書かれており、事故の発生理由について言及しているとします。しかし、それは警察などの公的機関が発表したものなのか、周囲がそのように判断しているのか、資料作成者の推測なのかで、その後取るべき判断は異なってきます。

　先のように、あたかも事実であるかのように、私見を資料にしてしまうと、誤解が誤解を生み、収拾不能な状況に陥ってしまうこともありえます。資料作成者の意見であることがはっきりと読み手に伝わるように、事実とは別に見出しを付けるとよいでしょう。

事実と意見を混同している例

〇〇市視察報告

1 目　　的　〇〇市で実施している広告事業の状況について把握し、本市での実施にあたっての参考とする。
2 日　　時　平成26年4月30日　13時〜15時
3 視察先　〇〇市△△課
4 内　　容　
① 〇〇市では庁内に企画部長を委員長とする広告検討委員会を設置している。委員会の役割は…（略）。本市では広告事業を実施する総務課を所管する総務部長が望ましい。
② ネーミングライツの実施件数は3件あるが、景気低迷の影響から、最近は撤退する企業も多いとのことであり、本市では今後の検討課題とする。

事実と意見を区別している例

〇〇市視察報告

1 目　　的　〇〇市で実施している広告事業の状況について把握し、本市での実施にあたっての参考とする。
2 日　　時　平成26年4月30日　13時〜15時
3 視察先　〇〇市△△課
4 聴取内容　
① 〇〇市では庁内に企画部長を委員長とする広告検討委員会を設置している。委員会の役割は…（略）。
② ネーミングライツの実施件数は3件あるが、景気低迷の影響から、最近は撤退する企業も多いとのこと。
5 意　　見　視察をふまえ、「4　聴取内容」の各項目について、本市で実施する場合については以下のように考える。
① 広告検討委員会の委員長については、本市では広告事業を実施する総務課を所管する総務部長が望ましい。
② ネーミングライツについては、今後の検討課題とする。

（事実と意見は明確に区別する）

5 1ペーパー1テーマとする

内容が多岐にわたるときは、複数の資料に分ける

　資料を作成しようと考えていて、伝えるべき内容が複数にわたることがあります。例えば、人事制度の変更を行うことになり、その内容が「昇任選考」と「研修」の2つだとします。こうした場合、「昇任選考」と「研修制度」の両方を1枚の資料に盛り込むよりも、それぞれ1枚ずつに分けた方が、わかりやすくなります。

　右の例は、1枚ずつに分け、図表化する工夫をしています。

1枚に2つのテーマを盛り込んだ例

昇任選考及び研修制度の変更について

人事課

　平成26年4月からの行政系人事制度の変更に伴い、下記のとおり昇任選考及び研修制度を変更する。

1　係長
　選考方法　　従来の択一試験と勤務評定から、論文と勤務評定に変更
　選考対象者　主任歴5年から4年に変更
　研　　修　　従来は係長昇任2年目に実施してきた「リーダーシップ研修」・「部下指導研修」を係長昇任1年目に変更、「マネジメント研修」・「部下指導研修」として実施

2　主任
　選考方法　　従来の択一試験と勤務評定から、面接と勤務評定に変更
　選考対象者　主事歴4年から3年に変更
　研　　修　　従来は主任昇任2年目で実施してきた「後輩指導研修」を主任昇任1年目に変更

1枚に1テーマずつに分けた例

昇任選考の変更について

人事課

　平成 26 年 4 月からの行政系人事制度の変更に伴い、下記のとおり昇任選考を変更する。

1　係長

	現制度	新制度
選考方法	択一試験、勤務評定	論文、勤務評定
選考対象者	主任歴 5 年	主任歴 4 年

2　主任

	現制度	新制度
選考方法	択一試験、勤務評定	面接、勤務評定
選考対象者	主事歴 4 年	主事歴 3 年

研修制度の変更について

人事課

　平成 26 年 4 月からの行政系人事制度の変更に伴い、下記のとおり研修制度を変更する。

1　係長

	現制度	新制度
研修内容	「リーダーシップ研修」「部下指導研修」	「マネジメント研修」「部下指導研修」
実施時期	係長昇任 2 年目	係長昇任 1 年目

2　主任

	現制度	新制度
研修内容	後輩指導研修	（同左）
実施時期	主任昇任 2 年目	主任昇任 1 年目

6 箇条書きの階層は3つまで

階層もフォーマット化する

　資料に見出しを付けていくと、いくつかの階層ができます。例えば、次のような例です。

　　1　案件の報告について
　　(1)　庁内
　　　①　定例会議
　　　　ア　庁議

　上記では、4つの階層が出てきますが、見出しの数はできるだけ3つまでにおさめるとわかりやすくなります。どうしても階層をつくらなければならない場合は、4つにならざるを得ませんが、かなり奥深く入りこんだ印象を受け、読み手にはわかりにくくなります。

　ちなみに、この階層を細別する場合の記号（1－(1)－①－アなど）も、定型化しておくと効率的です。いちいち考える手間が省けますし、資料によってバラバラで不揃いという事態を避けることもできます。

　なお、こうした記号などについては、正式には各自治体の公文規程もしくはその施行細目などに記されていますが、公用文ではなく、あくまで一般的な資料を作成する場合には、必ずしもそれに従わなくてもかまいません。ある自治体では「第1－1－(1)－ア－(ア)」と5段階が示されていますが、一般的な資料で「第1」と記されているものはほとんどありません。また、アと(ア)の区別はしにくいと思います。

　そこで、見やすさ・わかりやすさを重視し、先のような「1－(1)－①－ア」を資料作成のルールとしている場合もよく見られます。

箇条書きは3階層までがベター

○○公園の指定管理者募集について(案)

1　施設の概要　←｜階層1｜
　(略)
2　申請資格等
　　申請者は、法人その他の団体又はそれらのグループ(以下「団体等」とします。)とし、個人で申請することはできません。
(1)　申請資格　←｜階層2｜
　　　○○県内に事務所を有すること(なお、応募時点で○○県内に事務所を有している必要があります。)。ただし、次の事項に該当する者は、申請することができません。
　　① 　地方自治法施行令第167条の4の規定により、一般競争入札の参加を制限されている法人　←｜階層3｜
　　② 　県から○○県指名停止等措置要領により、競争入札に関して指名停止を受けている法人
　　③ 　(略)

箇条書きのポイント

1	1文の中に複数の事柄が含まれるときは、箇条書きで整理する
2	階層を示す記号(1、(1)、①など)は順番を決めておく
3	正式な公用文では、自治体の公文規程などに従う

7 日付と作成者を明記する

日付がないと、いつの時点の資料なのかがわからない

　資料には、日付と作成者を明記することが必須です。

　皆さんも、当然のように書き込んでいると思いますが、これにはきちんと理由があります。

　まず、日付は、「その資料がいつ作成されたのか」が、後で重要となる場合が多いからです。例えば、教育委員会で新たに給食費を補助する制度をつくることになったとします。担当者が案を考え、係長や課長などが修正し、最終的には首長の了解を得ます。そして、その根拠を要綱とするならば、新要綱の起案をして完了となりますが、この意思決定までに、当初の担当者案は変化していきます。新たなものが加えられたり、削除されたりするのです。そうすると、いつの段階でどのように検討していたのかは、資料の日付で判断するしかありません。

　しかし、もし日付がなく、ただ標題に「給食費の補助について」とだけ書かれた資料しか残っていないとすれば、後になって「なぜ、このように制度が決まったのか」を見直す際に困るのです。

作成者を書き、どこで作成したのかを明確にする

　同様に、作成者の記載がない場合も、後日に混乱を招く原因となります。また、作成直後であっても、「どの立場で、この資料が書かれたのか」がわからなくなってしまいます。例えば、何か新事業を提案するにあたって、提案者の所属する職場にも影響があるような場合、その職場では「誰が勝手にこんなことを決めたんだ」と揉めごとになることも考えられます。

　なお、作成者については、個人名を書く場合もありますし、係や課名を記す場合もあります。必要に応じ、使い分けましょう。

作成者名は個人・組織を使い分ける

◆**係員が係会の改善を提案する資料**

>
> 平成26年10月1日
> 地域振興課　山田
>
> ## 係会の運営についての提案
>
> 1　概要
> 　現在、週に1回係会を実施しているが、マンネリになっているとの指摘がなされている。このため、以下のように提案する。
> 2　提案内容
> 　（略）

職員が、一係員として提案をするので、担当者名（個人名）を入れる。

◆**予算要求について事業課が財政課へ説明する資料**

>
> 平成26年10月1日
> 教育委員会　学務課
>
> ## 就学援助の基準変更について
>
> 1　概要
> 　生活保護における生活扶助の見直しに伴い、平成26年度から本市の就学援助の基準の見直しが必要である。
> 2　見直しの内容
> 　（略）

あくまで課として予算要求を行うので、担当者名でなく、課名（組織名）を記載する。

コラム2 資料にない説明で相手の気を引く

効果的な説明

　通常、資料について説明するときは、上から番号順に説明していきます。しかし、資料に書いてあることをそのまま読むのでは、説明を受ける相手も「資料に書いてあるから、説明しなくてもわかるよ」という気持ちになります。

　そこで、資料に記載していないことをあえて説明し、相手の気を引く方法があります。

　「資料記載のとおり、自治体の財政健全化判断比率は法律に基づき議会に報告するものです。……実はこの法律制定の背景には、自治体の財政破綻があります。平成○年に……」

　「資料1のとおり就学援助に要する予算は、小中学校合計で7.9億円となっております。……ちなみに、隣の○○市では8億円となっており、ほぼ同程度となっています。児童生徒数を比較しますと……」

気になること

　上記の例のように、「なぜ、法律に基づいて毎年説明するのか」「他の自治体と比べ、本市の予算額は妥当なのか」といった、一般的に疑問に思うような内容を簡単に説明し、相手の気を引くのです。

　「どのような内容が、そうした説明に相応しいのか」の説明は難しいのですが、一般的に「資料に書きこむほどではないけど、気になること」です。本当に重要であれば、資料に記載する必要がありますが、それほどの内容ではない、豆知識や小ネタといったレベルでしょうか。なお、もちろんのこと、そうした説明にはあまり時間をかけるものではありません。

第3章

伝わりやすい文章を書く

1 なるべく短い文章で書く

主語と述語だけの文をつくる

　資料作成では、第1章でも述べたように1文は短く書くことが大切です。そのためのコツをいくつかご紹介します。

　まず、「○○は××だ」のような主語と述語に特化し、修飾語や「…の場合には」のような条件設定などは、なるべく書かないことです。

　資料作成に慣れていない職員や、真面目な職員ほど、そうした用語をなかなか削除できないものですが、一度ばっさりと削ってしまいましょう。案外、それでも問題ないことがわかるはずです。

　ちなみに、この短文で整理することが身に付くと、論理的思考力も養われます。「○○は××だ」→「なぜ？」→「○○が発生すると必ず××が生じる」…のように論理展開する癖が身に付くのです。

長い文章は2つに分けてみる

　また、1文が長くなりすぎたと感じたときは、2つに分けることを考えてみましょう。1文に複数の要素がある場合、大抵は分割できます。

　長い文章の目安は、WordでA4判の初期設定の1行あたり字数で書く場合であれば、2行を超えたら、分割できないか考えてみるとよいでしょう。

　さらに、できるだけ箇条書きを取り入れることも有効です。箇条書きであれば、通常は1行ですから、「基本は箇条書き」としておけば、嫌でも文章は短くなります。

　最後に、記号や図表を用いることです。

　矢印（→）などの記号や図表を用いると、読み手にもわかりやすくなりますし、文章も短くすることができます。図表の活用については、第5章で後述します。

短い文章で書くコツ

◆主語＋述語のみにする

> 修正前　本年第 1 回定例会の所信表明の中で、市長は「待機児童解消が本市の最優先課題である」と表明した。
>
> 修正後　市長は「待機児童解消が最優先課題」と表明した。

◆1つの文を2つに分ける

> 修正前　パブリックコメントは、「意見提出手続」とも呼ばれ、住民生活に広く関わりのある市の基本的な計画等を決定するときに、事前に案を公表し、住民の皆さんのご意見をいただき、考慮して決定するとともに、寄せられたご意見とそれに対する市の考え方を公表する手続きです。
>
> 修正後　パブリックコメント（意見提出手続）は、市の基本的な計画等を決定するときに、住民の皆さんのご意見をいただくものです。事前に公表した案に寄せられたご意見と、それに対する市の考え方を公表します。

◆記号を使う

> 修正前　本年 4 月の待機児童数は 125 人となり、昨年同時期の 85 人から 40 人の増となった。
>
> 修正後　待機児童数……24.4.1：85 人　→　25.4.1：125 人（40 人増）

2 形式を統一する

タイトル、サイズ、階層表記

　ある住民説明会で、住民からこんな苦情が出されたことがあります。
　「今日配付された資料は、何でこんなバラバラなんだ！　資料の縦・横、文字の大きさ、サイズだってＡ３もあればＡ４もあって、見にくい！　理解してもらおうという意識に欠けているんじゃないのか？」
　公用文は別として、各種資料の作成方法は、自治体の内部でもほとんどの場合、ルールが統一されていません。そのため、こうしたことが実際に起こります。やはり、見やすさや統一感を保つためにも、形式は統一しておくべきです。その内容をいくつか列挙したいと思います。
　１つ目に、用紙のサイズは、Ａ４判が基本です。現在では、Ｂ判を使用することはほとんどないと思いますが、あくまでＡ４判が基本で、例外としてＡ３判を用いる程度だと思います。
　２つ目は、見出しはゴシック体、それ以外は明朝体のように、見出しを目立たせることです。皆さんにも経験があると思うのですが、すべてが同じ書体というのはメリハリがなく、わかりにくいものです。資料の構成をはっきりさせる意味からも、標題、各項目の見出しは目立つものにし、その他の文章の書体とは区別することです。
　３つ目として、先に述べた階層の表記です。「１－(1)－①－ア」のような階層についても、資料によって異なるのは見にくいものです。統一しておいた方が、複数の資料になった場合でも統一感を保てます。
　その他、文字の大きさなども、複数の資料を同一の読み手に渡す場合には、同じにしておいた方がわかりやすいでしょう。

用紙のサイズはA4判が基本

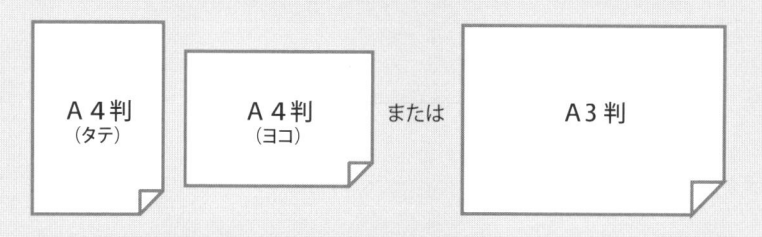

A4判（タテ）　A4判（ヨコ）　または　A3判

見出しとその他の文章の書体を変える

[修正前]
1　概要
　　現在、週に1回係会を実施しているが、マンネリになっているとの指摘がなされている。このため、以下のように提案する。
2　提案内容
　　（略）

[修正後]
1　概要
　　現在、週に1回係会を実施しているが、マンネリになっているとの指摘がなされている。このため、以下のように提案する。
2　提案内容
　　（略）

階層の表記も揃える

1　案件の報告について
　(1)　庁内
　　①　定例会議
　　　ア　庁議

3 簡潔な記述を心がける

簡潔な記述の方法

　読み手に伝わりやすい文章とするための工夫は、文章を短文にしてわかりやすくする以外の方法もあります。

　第一に、結論や主張と、説明や理由などを明確に区分することです。

　例えば、「来年度予算では、消耗品費20％の増が必要である」ということを資料で訴える場合、通常、必要だという「結論」とその「理由」を記載することになります。

　この際、最初に結論を目立つように書き、理由などは別枠にします。まずは結論だけを強調し、必要があれば理由を読めばよいようにするのです。読み手は理由以外にも、20％増による予算全体の影響や他の予算との整合性などに関心がいき、理由は重要でないかもしれません。まずは、ポイントとなる部分を強調して、読み手に印象付けます。

　第二に、記号化です。

　これは、資料の中で、同じ用語や主体が繰り返し出てくる場合、いちいちその用語を記載するのでなく、A、Bのように記号化してしまうのです。

　例えば、役所をA、住民をB、関係団体をCのようにして、いちいち「役所」、「住民」などの用語を記載するのを避けるのです。これにより、読み手にとってもわかりやすい資料になります。

　第三に、グループ化です。

　例えば、資料の中に役所、町会、関係団体の三者が出てきて、それぞれが複数の課題に対し、どのような主張をしているのかを比較するようなことがあります。こうした場合、主体別、課題別にまとめて資料で表せば、同じ用語が繰り返し出てくるのを避けることができます。

結論と理由を区分する

修正前 平成26年度は、市民まつりが40回目を迎える節目の年となる。このため、例年以上に市内の関係団体、町会、自治会に周知し、参加者増を図る必要がある。現在の市民まつりの案内状には、用紙購入として5万円を要しているが、来年度は20％の増としたい。

修正後 平成26年度の市民まつりの用紙購入費を6万円とする（20％・1万円の増）
理由：平成26年度は市民まつりが40回目と節目の年となる。このため……（略）

記号化する

A：市役所総務部長　B：警察署警備課長　C：町会長

課題1：帰宅困難者対策についての意見
　　A：「備蓄食糧について課題がある」
　　B：「緊急車両が本当に通行できるのか」
　　C：「避難所の受入れは可能なのか、市に確認したい」

グループ化する

○：賛成　×：反対

	A町会	B町会	C町会
課題1	○	×	×
課題2	○	○	○

4 具体的な数字を盛り込む

抽象的・曖昧な資料が多い

「こう書いてあるけど、根拠は何？」

「何でこんなふうに言えるの？」

思わずつっこんでしまいたくなるような、抽象的・曖昧な資料をときどき見かけることがあります。

このような資料を作成してしまう要因としては、作成者自身の中で「何をどうするのか」といった具体的な中身を整理できていないことが挙げられます。「何がどうなる」「何をどうする」が明確でなければ資料とはいえません。何より、資料を作成した人の説明を聞かないと理解できないようでは、資料として不十分です。

数字が客観的事実を伝える

そこで、資料作成にあたって心がけてほしいのは、具体的な数字を盛り込むことです。

「大幅に増加した」と「80％増加した」とでは、わかりやすさは大きく異なります。「かなり多くの人が」と「100人中75人が」でも、説得力が違ってきます。

住民アンケートの結果、予算・決算額、住民一人あたりの公園面積など、具体的な数字ほど客観的に事実を伝えるものはありません。資料の中でさまざまな主張をしたり、結論を引き出したりするときは、その根拠・理由としてデータを活用するように心がけてください。

ちなみに、何のデータを活用するかも大切です。公的機関の発表したものなら間違いありませんが、そうでない場合はデータの信頼性が重要になります。特定の政党のアンケート結果などは、資料の裏付けとしては不十分な場合がありますので、注意してください。

具体的な数字の活用例

◆割合を具体的に％で示す

> 修正前 平成25年度の住民アンケートの結果、大半の女性が子育てに不安を感じていることがわかった。また、市内の保育施設が不足していると思う住民の割合も高く、子育てしやすいと考えている住民はあまり多くない。

> 修正後 平成25年度の住民アンケートの結果、次のとおり、住民の子育て支援に対する要望は高いことがわかった。
> ・子育てに不安を感じている女性　　　　　65％
> ・市内の保育施設が不足していると思う割合　70％
> ・子育てしやすいと考える割合　　　　　　30％

◆具体的な数を示す

> 修正前 今度の市議選に当選するには、かなり多くの票が必要だ。

> 修正後 今度の市議選に当選するには、2,000票は必要だ。

◆金額の増加を経年で示す

> 修正前 平成25年度の生活保護費は100億円を超えることが予想される。

> 修正後 過去3年間の生活保護費の決算額
> 　　　　22年度　　90億円
> 　　　　23年度　　95億円（前年度比　5億円・5.6％の増）
> 　　　　24年度　　98億円（前年度比　3億円・3.2％の増）
> 　　　⇒　25年度は100億円を超えることが予想される。

5 誤解を招く表現は避ける

二重否定は使わない

　きちんと読み手に伝わる資料をつくるためには、簡潔明瞭に表現することが必要です。わかりやすくシンプルな文章を用いて、スムーズに読み、理解できる工夫が必要です。しかし、「どうも読みにくいなぁ」と感じる資料があります。よく見るのが、誤解を招く表現を使っている場合です。

　その代表例が「二重否定」です。次のようなものがあります。
　× その意見に賛成しない人はいなかった
　◎ その意見に全員が賛成
　× 全員が賛成しないということではない
　◎ 一部賛成の人もいる

　こうした二重否定は、結局は読み手に「つまり……」と考えさせてしまうので、資料としてはわかりにくいものになってしまいます。単純明快に表現した方がわかりやすいのです。

回りくどい表現は避ける

　同様に、回りくどい表現も避けた方が読みやすい資料となります。
　× その結果として、住民から賛成との意見が表明された
　◎ その結果、住民は賛成した
　× 一方においては、保育園の民営化という事態が生じている
　◎ 一方で、保育園を民営化している

　こうした表現はその人の癖になっているケースが多いので、無意識に資料に書いてしまいます。一度書き上げたら必ず見直して、こうした誤解を招く表現はないか、チェックしましょう。

二重否定は使わない

修正前 賛成しない人はいなかった。
修正後 全員が賛成した。

修正前 全員が賛成しないわけではない。
修正後 一部賛成の人もいる。

修正前 反対しないともかぎらない。
修正後 反対するかもしれない。

回りくどい表現は避ける

修正前 その結果として、住民から賛成との意見が表明された。
修正後 その結果、住民は賛成した。

修正前 一方においては、保育園の民営化という事態が生じている。
修正後 一方で、保育園を民営化している。

修正前 安易に使用することは避けてください。
修正前 安易に使用しないでください。

修正前 燃えやすいものを放置しないようにする。
修正前 燃えやすいものを放置しない。

6 住民視点で考える

資料作成にあたり事前に考えておくべき事項

　自治体職員が資料をつくる場合、意識すべき視点があります。それは、①住民、②職員、③首長、④議員の4つです。一般的なビジネスマンと最も異なる点と言ってよいでしょう。

　資料をつくる際は、この4つの視点を意識して、よりわかりやすい資料を心がけましょう。表現や見せ方も大切ですが、関係するそれぞれの立場をふまえた「視点」が必要です。

住民にもいろいろな立場がある

　行政はよく、「住民」や「市民」などの用語を頻繁に使います。

　資料を作成するにあたって、「住民は、この問題をどのように考えるだろうか？」は重要な視点です。事業提案であっても、事故報告であっても「住民はどう思うだろうか？」を事前に考え、資料を考えましょう。

　ただ、「住民」と一口に言っても、いろいろな立場の人がいます。何かの新規事業を考えるにあたっても、利益を受ける住民もいれば、不利益を被る住民もいるかもしれません。性別や年齢はもちろん、児童・生徒、高齢者、就労者、学生、主婦、町会、PTAなど、立場によって受け取り方はさまざまです。

　このため、資料の表記にあたっては単に「住民」とするのではなく、「A町会」「B小学校PTA」など、できるだけ具体的に記載する方が、読み手に誤解を与えずに済みます。

　なお、実際に住民の見解について資料の中で言及するか否かは、その内容によります。例えば、上司に向けた「道路工事の実施計画」に関する資料であれば、「X町会には事前に説明済」の文言があるだけで、上司は安心することができます。

資料に住民視点を盛り込むための3つのポイント

1 住民にもいろいろな立場がある

児童・生徒、学生、社会人、高齢者の違いはもちろん、性別、年齢などによって、受け取り方は異なる。

2 資料に記載する時は、立場を具体的に書く

- 「地域住民からは異論はなかった」と、「A町会からは異論はなかった」では、厳密には意味が異なる。

- 「A町会からは異論はない」は、町会に加入していない住民の反応はわからない。また、付近のB町会の賛否は不明…など、読み手は判断できる。
  ↓
- 資料に書くときは、「A町会」、「B小学校 PTA」など立場を明確にした方が、読み手に誤解を与えずに済む。

3 資料に住民の立場を書く否かは、資料の内容により異なる

例1） 道路工事の実施について
「X町会に説明済」と表記すれば、上司は「地元説明は済んでいるのだな」と判断できる。

例2） 幼稚園体験会の実施について
「未就園児である3歳未満の子供と保護者に対し、市立幼稚園をPRでき、今後の市立幼稚園の申込増につながる」など、新規事業の見込める効果について記載する。

7 首長視点で考える

　首長視点とは、「市長だったら、この事業や問題についてどのように考えるだろうか」という視点です。職員が資料を作成するにあたっては、どうしても自分の視点だけで考えがちです。係の事務改善などであればまだしも、新規事業の提案などは、首長の立場になって考えることが必要です。

費用対効果

　「いくらかけて、どの程度の効果があるのか」は、外せないポイントです。いくらよい事業であっても、多大な予算がかかるのであれば、そう簡単にはイエスと言うことはできません。かなりの予算がかかっても実施するほどのメリットがあるのであれば、それを明確にすることが重要です。

その事業や問題が与える影響

　首長は議会、地域、都道府県、国、関係団体など、気を配らなければならない所がいくつもあります。いくら自治体にとってメリットがあっても、特定の地域に不利益があったりすると、非常に敏感になるものです。このような全体的な視野を持つことが大切です。

近隣市など他自治体の状況

　「自治体間競争」の時代だからこそ、やはり首長も他市の動向は気になるものです。「他市に先駆けて実施する」と、「他市で実施しているのに、本市で実施していない」では意味がずいぶん異なり、この点も重要なポイントです。

資料に首長視点を盛り込むための3つのポイント

1　費用対効果

- コストはどの程度か、見込める効果は？
- 多大な予算をかけても実施する必要があるならば、得られる効果を明確にすることが重要。
- どの自治体も財政状況は厳しく、財政を考えない提案はありえない。
- 場合によっては、事前に財政担当部署との調整も行う。

2　その事業や問題が与える影響

- 議会、町会、関係団体、都道府県、国に与える影響は？
- 不利益を被るところはあるのか？
- 地域や団体によって、不公平や不均衡が生じることはないか？
- 都道府県や国と交渉が必要か？
- 関係者との調整が必要ならば、どの順番で行うか？
- マスコミの反応はどうか？

3　他自治体の状況

- 他市に先駆けて実施するのか？
- 他市で実施しているのに、本市はまだ実施していないのか？
- 他市に与える影響は？

8 議員視点で考える

　資料作成にあたっては、議員の立場から考えることも重要な視点です。
　例えば、事故報告書の作成であれば、発生場所を地盤とする議員への影響なども考慮しなければなりません。

各会派の主張

　議会には各会派があり、それぞれ会派としての主張があります。新規事業の提案にあたって、「A会派は以前からその事業実施を主張していた」、あるいは「B会派は反対と主張していた」などの事実がはっきりとしていれば、当然その点についても資料に明記する必要があります。
　こうした会派ごとの主張は、場合によっては、一覧にまとめておくと、課長や部長が議会へ根回しするときにも役立ちます。

地盤・関係団体

　各議員には、それぞれ地盤があります。例えば、「事故の発生場所がA議員の地盤である」とか、「来年度、大規模改修を実施するX小学校は、B議員が元PTA会長を務めていた」などの場合には、当然配慮が求められます。
　各議員は地盤としている地域の町会や自治会と緊密な関係を持っているのが一般的です。何かがあったときに、町会には話をしているのに、議員に話をしていなかった場合、議員はこうしたことに極度に敏感ですので、細心の注意が必要です。
　また、議員によっては、各種業界、企業、地域のクラブチームや協会などとの関係もあります。こうした団体の役職に就いている場合もありますので、関連資料を作成する場合には、注意が必要です。

資料に議員視点を盛り込むための3つのポイント

1 会派の立場

- 各議会には会派がある。
- 会派によって主張がある。
- 新規事業の提案などは、各会派の主張と対比しておく必要がある。
    - 例）生活保護基準引き下げに伴う、就学援助の基準引上げに対する各会派の反応
        - A会派…賛成
        - B会派…反対
        - C会派…検討中（国の動向を踏まえて方向性を判断）
        - ↓
- このように一覧にしておくと、対応を考える際の参考になるとともに、課長や部長が議会の根回しを行う時に役立つ。

2 地盤

- 各議員の地盤に注意する。
    - 例）事故の発生場所の議員は誰か
        - 「B議員はX小学校の元PTA会長である」
            - → 事前にB議員に根回しする必要あり
        - 「その事業の実施は、A町会に影響が及ぶ」
            - → A町会を地盤とする議員に事前に周知する必要あり
        - ↓
- その事業や内容が地域に与える影響を踏まえ、その地盤の議員への影響を考える。

3 関係団体

- 各議員が関係する業界、企業、地域団体など。
- 議員が役職に就いている場合もあるので注意する。

9 職員視点で考える

　資料作成では、当然ながら、職員の視点も重要です。具体的には、次のようなポイントがあります。

公共の利益につながるのか

　例えば、新規事業の提案であれば、その内容が公共の利益に資することが大切です。役所のエゴであったり、特定の者の利益だけにつながるような施策では、理解は得られません。
　ですから、「果たしてこの内容は、公共の利益につながるものなのか」は、資料作成にあたり一公務員として十分に検証する必要があります。

職員の事務改善につながるのか

　新規事業の提案であっても、来年度の予算要求資料であっても、それが職員の事務改善につながるなど、職員にとってもメリットがあるかどうかも大事な視点です。
　ただ、職員にとってメリットがあることは視点の１つですが、それは絶対ではありません。職員にいくらメリットがあっても、住民サービスの低下につながったり、住民に不利益が生じるようでは、問題です。
　「内部の手続きが煩雑になる」とか「事務量が増えて忙しくなる」などは、新規事業ができない理由にはならないのです。

長期的視点から見てどうか

　その内容が長期的に見た場合、どのような意味を持つかということです。現在の混乱を収拾するために、その場しのぎの案を作成しても、後日問題が再燃するようであれば、行政の施策立案者としては配慮が足りません。

資料に職員視点を盛り込むための3つのポイント

1 公共の利益につながるのか

- 一公務員として、「それが本当に公共の利益につながるのか」を検証する。
- 行政のエゴではないか？
- 特定の者の利益だけになっていないか？

2 職員の事務改善につながるのか

- 職員の負担が軽減されるか？
- 他の職員に与える影響はどうか？
- ただし、職員にメリットがあっても、住民に不利益が生じるような事業などはNG。
- 「職員が忙しくなるので、このような事業はできません」は事業を実施しない理由にはならない。

3 長期的視点から見て問題ないか

- 現在の混乱を収拾するための、その場しのぎの対応ではないか？
- 後日になって、問題が再燃するような提案では、施策立案者として配慮に欠ける。

10 お役所言葉は使わず、言い換える

お役所言葉はいろいろある

いわゆる「お役所言葉」と呼ばれる言葉には、いろいろなものがあります。

「前向きに検討します」「善処します」「可及的速やかに」といったあいまいな表現もその一例です。

そして、最も使ってしまいがちなのが、役所特有の略語です。

例えば、「生保」といえば、一般的には「生命保険」を思い浮かべる人が多いかもしれませんが、自治体では、「生保」は、「生活保護」のことを指す場合がほとんどです。

これらの言葉は、住民対象の資料であれば、できるかぎり使わず、住民が理解しやすいものに言い換えるように配慮しましょう。

役所内資料であれば、あえて使う場合も

なお、役所内の資料で、職員しか使用しない資料であれば、上記のようなお役所言葉をあえて使う場合もあります。

なぜなら、「役所特有の用語」であれば、その方が文字数が少なくて済み、文章がすっきりするからです。いちいち正式に書いていてはくどい印象を与えてしまうのです。

また、法令用語やあいまいな表現も、資料をもとに議会答弁や公式文書を作成にする場合に、結局はその用語を使うこともあります。このような場合も、後から置き換えるのは、かえって手間がかかるため、あえて使うこともあります。

ただし、原則としては、なるべくわかりやすい言葉を使う癖をつけておくとよいでしょう。

お役所言葉を避ける工夫をする

◆あいまいな表現は使わない

・善処する　・鋭意努力する　・所要の　・若干の

◆カタカナ語・外来語は普及している用語にする

アウトソーシング	→	外部委託
アカウンタビリティ	→	説明責任
ガバナンス	→	統治
コミット	→	関わる
アーカイブ	→	保存記録

◆略語は言い換えたり、説明を加える

LD	→	学習障害
ADHD	→	注意欠陥・多動性障害
ISO	→	国際標準化機構

◆法令用語・専門用語は言い換える

還付する	→	返還する
勧奨する	→	勧める
供用	→	使える、使用できる

◆役所特有の用語も正式用語を使う

生保	→	生活保護
一財	→	一般財源

11 敬語は正しく使う

尊敬語・謙譲語・丁寧語

　敬語については、すでに皆さんもご存知だと思いますが、念のために、改めて整理しておきたいと思います。

　住民向けの文書に間違いがあった場合、たとえそれが軽微な敬語の使い方のミスだったとしても、それだけでクレームの原因になることがありますので、細心の注意を払いましょう。

　敬語には、尊敬語、謙譲語、丁寧語の3種類があります。

　尊敬語は、相手や第三者を敬うときに使うものです。「なさる」や「れる」「られる」を付けたり、「お〜なる」「ご〜なる」となったりします。

　謙譲語は自分がへりくだるものです。「参る」「申し上げる」「存じ上げる」「お目にかかる」などがあります。

　丁寧語は、丁寧な言い回しをするものです。「です」「ます」調にしたり、「お手紙」や「ご家族」のように、冒頭に「お」や「ご」を付ける場合があります。

　なお、一般に二重敬語は使用しません。例えば「お支払になられる」は「お〜なる」に、尊敬語の「られる」を付けた二重敬語です。単に「お支払になる」で十分です。

役所内の資料では敬語は使わない

　また、一般に役所内の資料では、敬語は使いません。職員が対象なので、敬語を用いる必要がないのです。「ご高齢の方」などと記載する必要はなく、単に「高齢者」で十分です。住民説明会資料、関係機関との打合せ資料、通知文など、役所の職員以外を対象にした文書の際に、敬語を用いることになります。

間違いやすい敬語の使用例

◆過度な敬語を使ってしまう

> 修正前　特段のご高配を賜りますようお願い申し上げます。
> 修正後　格別のご配慮をお願いします。
>
> 修正前　ご覧になられますか。
> 修正後　ご覧になりますか。

◆自分の行為を敬語にしてしまう

> 修正前　本校の益々の発展を御祈念申し上げて、御祝辞とします。
> 修正後　本校の益々の発展を祈念申し上げて、祝辞とします。

◆相手に謙譲語を使ってしまう

> 修正前　ご持参ください。
> 修正後　お持ちください。
>
> 修正前　そのように申されますが…。
> 修正後　そのようにおっしゃいますが…。

12 よく使う敬語の例

通常語	尊敬語	謙譲語	丁寧語
会う	お会いになる 会われる	お目にかかる お会いする	会います
与える	賜る くださる お与えになる	差し上げる	与えます あげます
ある	おありになる	―	ございます
言う	おっしゃる 言われる	申す 申し上げる	言います
行く	お出かけになる いらっしゃる お越しになる	伺う、参る 参上する	行きます
いる	いらっしゃる おいでになる	おる	います
受け取る	お納めになる 賜る	いただく	受け取ります
教える	ご指導 ご教示 お教えくださる	お教えする	教えます
思う	思われる お思いになる	存じる	思います
居る	いらっしゃる	おる	います
買う	お求めになる 求められる	―	買います

帰る	お帰りになる	失礼する	帰ります
聞く	お聞きになる 聞かれる	うかがう 承る 拝聴する	聞きます お尋ねします
来る	お越しになる 見える おいでになる	参る 参上する	来ます
死ぬ	お亡くなりになる 逝去する	ー	亡くなる
知る	ご存じになる	存じ上げる	知ります
する	なさる される	いたす	します
尋ねる	お尋ねになる	うかがう	尋ねます
食べる	召し上がる	いただく 頂戴する ご馳走になる	食べます
見る	ご覧になる	拝見する	見ます
もらう	お受け取りになる	いただく 頂戴する	もらいます
読む	お読みになる ご覧になる 読まれる	拝読する	読みます
わかる	ご理解 ご承知	承る かしこまる お察しする	わかります

第3章　伝わりやすい文章を書く

コラム3 相手に応じて資料・説明を使い分ける

使い分けは必要

　相手に応じて、資料の構成や説明の仕方を使い分けることも重要です。同じ内容を伝える場合でも、その内容について基礎知識がある庁内の職員なのか、ほとんど知識がない住民なのかによっても資料や説明は変える必要があります。たとえ庁内の人間であっても、部下、同僚、上司など、相手に応じた説明の仕方があります。

　基本は、相手はどのような人で、何をどのように伝えれば効果的か、という視点で考えることが重要です。例えば、係内で新事業について検討しOKとなり、それを課長に説明し了承を得る。また、部長や他の課など、全庁的に周知する。さらに、住民説明会で広く住民に説明する、など個々の場面での資料や説明の内容は、当然のことながら変わってくるものです。

資料・説明の使い回し

　とはいえ、1回1回資料を作成し直したり、説明を変えたりするのは、大変です。もちろん、同じ資料を活用できればよいのですが、そうでない場合は、活用できる部分は活用し、新たに加える必要がある部分は追加して、資料を修正します。

　特に、行政内部の資料では、一般の住民には理解しにくいことがよくあるので、注意が必要です。

　なお、このような場合は、説明の原稿を作成してしまった方が、かえって楽なことがあります。いちいち考えて説明しなくて済みますし、説明側も原稿の追加・削除を行うことにより、「いつ、どのように説明したのか」を確実に残すことができます。

第4章
説得力のある理由・根拠を明示する

1 データで根拠を示す

説得力ある資料が読み手を納得させる

　説得力のある資料を作成するためには、コツがあります。
　資料は読み手に納得・理解してもらうことが大事ですが、そのためにはまず、資料作成者の勝手な思い込みや想像、推測をできるだけ排除する必要があります。

発表資料、白書、世論調査

　第3章の「具体的な数字を盛り込む」でも紹介しましたが、各種データは、説得材料や根拠の1つです。
　使用できるデータ素材としては、まず、国や自治体が発表する資料や白書があります。人口、産業、住宅、道路、公園、保健衛生、福祉、環境、教育、文化、交通、災害、財政など、多種多様です。
　こうしたデータ自体は、数字の羅列で無味乾燥に思えるかもしれませんが、データの発表にあたって、各機関がポイントをまとめた解説を掲載した概要版の資料も作成している場合もあります。そうしたものを活用すると、「国の〇〇白書は、『△△がここ5年で3％減少しており、今後も減少が見込まれる』としている」を用いて、新たな事業提案の根拠とすることができます。
　また、世論調査、住民アンケートなども、住民の意向を知る上では、貴重な材料です。ここから住民ニーズが把握でき、予算要求の根拠資料にすることもできます。
　なお、こうしたデータを活用する際には、信頼できる機関が発表していることが前提で、データであれば何でもよいということではありませんので、注意が必要です。

データを使用した例

平成25年10月1日
福祉課　山田

老人クラブバス旅行の有料化について

1　内容
　　現在、無料で実施している老人クラブのバス旅行について、来年度から有料化し、参加費として500円徴収する。

2　有料化の理由
（1）年々、老人クラブの会員数が増加し、今後バス旅行にかかる経費の上昇が見込まれる。

【経費実績】　　　　　　　　　　　　　　　　　　　　　　　単位：万円

	22年度	23年度	24年度	25年度
バス借上料	32	45	52	65

【有料化した場合の試算】

	26年度	27年度	28年度
バス借上料（A）	78	82	95
参加費（B）	12	18	30
市負担額（A-B）	66	64	65

（2）老人クラブ会員に有料化に関する意見を求めたところ、反対は少数であった。

【25年度バス旅行におけるアンケート結果】
質問：バス旅行が有料化となった場合、どの程度の費用であれば参加しますか。
回答：①1,000円以上でもよい　　　5%
　　　②500円以上1,000円未満　　45%
　　　③500円未満　　　　　　　25%
　　　④有料化に反対　　　　　　20%
　　　⑤その他　　　　　　　　　5%

2 メリット・デメリットを説明する

具体的な視点からメリット・デメリットを明示する

　企画書や提案書の場合、その企画や提案にどんなメリット・デメリットがあるのかを、はっきりと明示することが必要です。

　メリット・デメリットがはっきりしていなければ、上司がその内容の可否を判断することができないからです。

　具体的な視点は、いくつかあります。予算、費用、事業効果、予想される住民や議会の反応、庁内組織や関係機関との調整、スケジュール、職員の事務量、実施しなかった場合の問題点などです。

　こうした視点はすべてを書く必要はありませんが、特徴的なもの、重要だと思うものは、表などにまとめると、読み手にとってもわかりやすくなります。

複数案を提示する場合は、順位付けをしておく

　複数の案を提示し、上司にどれか1つの案を選択してもらうような場合は、資料作成者は「この案がよいと考えます」と自分の考えを資料の中で示しておくことが必要です。

　上司に「これらの案には、それぞれ一長一短があるのですが、どれがよいでしょうか？」と最初から判断を委ねるのは、手抜きの資料となってしまいます。

　なお、案の順位付けを行う場合は、○、△、×を付ける場合もあれば、点数化する場合もあります。こうした評価は、あくまで資料作成者による目安に過ぎませんので、絶対ということはありません。とはいっても、「○＝10点　△＝1点　×＝0点」のような極端で恣意的な評価は、資料の信頼性を損ねてしまうので、注意してください。

メリット・デメリットを説明する

目　的	上司が内容の可否を判断するため
具体的視点	予算、費用、事業効果、住民や議会の反応、庁内や関係機関との調整、スケジュール、職員の事務量

◆提案内容が１つの場合

学校ICT事業について

＜メリット＞
1　従来から保護者アンケートでも要望が強い
2　教育効果が高いとの報告がある（◆◆大学 ××研究室）

＜デメリット＞
1　導入コストだけでなく、ランニングコストも必要となるため、後年度負担が発生（来年度以降、保守委託経費として△万円が必要）
2　後年度、機器の入れ替えが必要

◆提案内容が複数の場合

「良い：5点　普通：2点　悪い：0点」で点数化して評価

	案1	案2	案3
費用	2	5	5
効果	5	5	5
事務量増	5	2	5
計	12	12	15

⇒　以上の結果から、案3を採用することとしたい。

第4章　説得力のある理由・根拠を明示する

3 判断材料・選択肢を示す

判断材料を示す

　前項で述べたメリット・デメリットを含め、上司に選択肢を示し、判断してもらうための材料としては、次のようなものがあります。

---

①見込める効果（メリット）
②実施しなかった場合のデメリット
③経費（導入コスト、維持コスト、後年度負担など）
④住民、議会、関係機関（企業や国・都道府県、NPO等）への影響
⑤他自治体の状況
⑥マスコミの反応
⑦庁内の影響（事務量増や庁内調整など）
⑧スケジュール

今後の展開を見越した選択肢を示す

　なお、どうしても優劣の比較が難しい事案もあります。こうした場合は、それぞれの案に今後どのような展開が予想されるかを示し、それにより上司に案を選択してもらうことになります。

　右の事例で示した案1と案2は、どちらかがよいというわけではなく、状況に応じて、上司が腹を決めて、どちらかを選択するしかありません。その決断を求める資料です。

　つまり、「案1を取ればこういう事態が想定され、案2を取ればこうなります。さあ、どうしましょうか」ということを資料は示しているのです。資料作成者ができるかぎりの判断材料を準備し、それを上司に提供することが求められます。

今後の展開を選択肢として提示する

第4章 説得力のある理由・根拠を明示する

| 事　例 | 住民に保育料の支払通知を送ったところ、コンピューターのプログラムミスで、間違った金額で発送してしまった。住民からも、議会からも苦情が数多く寄せられ、対応が求められているが、すべてに対して一度に対応することはできない。 |

| 対応策 | 2つの対応案が考えられるが、どちらも優劣の比較が難しく、一長一短。今後の展開を提示することで、上司に選択してもらう。 |

| 案 1 | ①議会の各会派の幹事長に連絡
②住民については正しい保育料が確定した段階で通知 |

↓

議会対応はよいが、住民対応が遅いと苦情の可能性大

| 案 2 | ①誤りが確定した対象住民全員に通知
②その後、議会の各会派幹事長に連絡
③正しい保育料が確定した段階で再度対象者に通知 |

↓

住民対応は迅速だが、事務量が増大。また、議会対応も遅い

4 因果関係を説明する

内容がバラバラでは、読み手が混乱してしまう

　資料作成にあたっては、因果関係を明確にすることも重要です。次のような例があります。

```
H24.4.8      ○○小学校3年生が通学路で車に接触し、負傷
   4.10      同校にて、保護者説明会開催
             主な保護者意見：通学路の安全点検が必要
                             ガードレール未設置箇所が多い
   4.20～    教育委員会、警察、PTAが合同で全小中学校の通学路
             の安全調査を実施（問題のある箇所：24か所）
   5.2       教育委員会が補正予算での対応を検討
```

　事故発生 → 保護者説明会開催 → 調査の実施 → 補正予算での対応を検討、という流れです。このことは、ある事柄が原因で次の結果が生じ、今度はそれが原因となり、また次の新たな結果を生むという因果関係で説明できます。関係を明確にすることで、読み手は事実を整理でき、状況を的確に理解することができます。単に事故、保護者説明会などをバラバラに説明していたのでは、記憶に残りません。

資料作成者が因果関係を明確に把握することが前提

　因果関係を明確にした、わかりやすい資料をつくるためには、前提として資料作成者が因果関係を明確に把握していることが必須条件です。作成者本人がそのことをはっきり理解していないと、資料で示すことはできません。日頃から、因果関係で物事を考える癖を付けておくと、資料作成にも役立ちます。

因果関係を説明する

内　容	因果関係を明確にして、資料を作成する →　因果関係を明確にすると、わかりやすい資料となる →　読み手の印象に残る資料となる
前　提	資料作成者が因果関係を十分に把握していること

因果関係は、図で示すことができる

事故発生	○○小学校3年生が通学路で車に接触し、負傷

↓ （学校が保護者に説明する場が必要と判断）

保護者説明会	保護者から、「通学路の安全確認が必要」 「ガードレール未設置箇所が多い」などの意見が大勢を占める

↓ （教育委員会が通学路の安全調査が必要と判断）

安全調査	全小中学校の通学路の安全調査を実施

↓ （24か所の問題箇所が判明）

補正予算	教育委員会は補正予算で対応することを検討

第4章　説得力のある理由・根拠を明示する

5 論理的に説明する

論理的飛躍や論理的矛盾はないか

　部下の作成した資料を読んでいた上司が、「前半に財政状況が厳しいと記しておきながら、何でこんな多大な予算がかかる事業を提案できるんだ。資料の前後で矛盾しているぞ！」と資料の欠陥を指摘する――。

　こうした、「論理的矛盾」や「論理的飛躍」は、資料として致命的なミスがあると言わざるを得ません。できるだけこうしたミスをなくすためには、工夫が必要です。

演繹法と帰納法

　ここでは、読み手に納得してもらえる、論理的な資料作成に役立つ考え方として、演繹法と帰納法の2つの方法を紹介します。

　演繹法は、「人間は死ぬ。ソクラテスは人間である。よって、ソクラテスは死ぬ」のような論理展開で、三段論法ともいいます。「人間は死ぬ」という一般論（ルール）に、「ソクラテスは人間」という観察事項を加えて、必然的な結論を導こうとする方法です。

　これに対して、帰納法は「観察されるいくつかの事象の共通点に着目し、結論を導きだそうとする方法」です。例えば、「企画課の山田さんはいつも残業している。同課の伊藤さんも帰りはいつも遅い。また、佐藤さんもいつも終電だと言っている」となれば、「企画課の職員はいつも残業している」という結論が導き出せます。

　こうした演繹法・帰納法を活用することにより、論理的に説明することができ、読み手に納得してもらえる資料を作成することができるのです。ただし、演繹法も帰納法も万能ではありません。導き方によっては非常識な結果になるケースもあるので、検証が必要です。

演繹法と帰納法を用いて、論理的に説明する

◆演繹法とは

> AはBである。BはCである。よって、AはCである

↓

> 一般論(ルール) ＋ 観察事項 ＝ 結論

◆活用例

一般論	行政は効率的に事務を行わなければならない

＋

観察事項	係内の意思疎通が悪く、複数の職員が同じ作業をしていた

＝

結論	係運営について見直す必要がある

◆帰納法とは

> 観察されるいくつかの事象の共通点に着目し、結論を導き出す

◆活用例

A市民センターの稼働率 32%	B市民センターの稼働率 25%	C市民センターの稼働率 18%

↓

> 本市の市民センターの稼働率が低いため、利用率向上に向けた検討が必要！

第4章 説得力のある理由・根拠を明示する

6 現状の問題点を明らかにする

視点がブレては資料にならない

　行政の問題点を提示し、そのための解決策を提案する提案書はよくあります。しかし、提案書によっては、最初の問題設定が曖昧なために、視点がブレてしまう場合があります。

　東日本大震災を契機に防災対策の不備を指摘し、その解決策をまとめた提案書を例に考えてみましょう。下記の提案書は、問題点として、非常に広範な内容を網羅しているにもかかわらず、「それは地域が自ら行うことなのか」「市が行うことなのか」が明確でないために、曖昧な提案書になっています。評論家的な「防災対策に対する提案」にすぎません。

評論家的な曖昧な提案書

今後の防災対策について

1　提案理由
　東日本大震災を契機として、今後の防災対策のあり方が問われていることから、今後の防災対策について以下の提案を行う。

2　提案内容
（1）防災施設
　本市には、防災機能を持った大規模公園がないことから、国が早急に建設を検討するべき。
（2）地域防災力の向上
　近年、地域の連携が弱まり、地域防災力の向上が急務となっている。このため、町会長を中心に、町会単位の防災マニュアルを作成するべき。
（3）各家庭の防災対策
　最低3日分の食料と水を備蓄するように、市は周知徹底を行う。

問題を問題点に分解して、明確化する

　防災対策という大きな問題であっても、それは「自助・共助・公助」のように、いくつかの問題点に分解することができます。これにより、問題を明確化でき、曖昧な視点を排除できます。

　また、「現在の共助が不十分だ。共助に問題があるのは、新旧住民の融合が少ないからだ」のように、より物事の本質を探っていけば、本当の問題点を描き出すことができます。

　こうすると、単に「防災対策が不十分だ」という当初の問題設定よりも、より具体的となり、解決策についても明確に示すことができます。

問題点を具体化した提案書

今後の本市における防災対策について

1　提案理由
　東日本大震災を契機として、今後の防災対策のあり方が問われていることから、今後の本市における防災対策について、公助・共助・自助の3つの視点から以下の提案を行う。

2　提案内容
(1)　公助に関すること
　東日本大震災の被害を考慮すると、今後本市には防災機能を持った大規模公園が必要である。このため、市は国・県に対して建設を働きかける。
(2)　共助に関すること
　近年、地域の連携が弱まっていることから、町会ごとの地域防災力の向上が急務となっている。市では、防災マニュアルを作成した町会に補助金を支給する制度を構築し、共助力を向上させる。
(3)　自助に関すること
　自助は防災対策の最も基本であり、非常に重要な事項である。このため、市は最低3日分の食料・水を備蓄するように、HP、広報誌などを通じて周知徹底を図る。

7 今後想定される課題を提示する

当面の対応だけでなく、今後も見据えた資料

資料作成者は、当面必要な問題への対応をまとめることが多く、長期的視点を持って、今後を見据えた資料というのは多くありません。しかし、上司などの読み手の立場になれば、「当面の対応はこれでよいけれど、今後はどうなるのか」は気になるところです。

そこで、今後想定される課題、起こり得る事態、注意すべき事項などを、資料の最後にまとめておくと、上司も「むむ、やるな！」と思う資料に変貌します。

読み手のことを考えて熟考する

実際の資料の構成で考えてみましょう。

「1　概要　2　問題点　3　対応案　4　今後想定される課題」という構成の場合、まず1で全体像や提案の概要を示し、2で問題点を指摘・整理し、3でその対応案を示し、4では、その対応案を実施した以降に、どのような課題が想定されるのかを、整理します。4の具体例としては、対応案実施後の住民、マスコミ、議会などの反応や、実施しても見込んだ効果がなかった場合どうするか、といった視点が考えられます。

当面の問題点はクリアできたとしても、「今後想定される課題を見据えると、その対応案ではいかがなものか」と判断することは当然ありえます。資料作成者は、上司などの読み手の立場を十分配慮して、どのような情報をほしがっているのか、先の先まで考えた資料を作成することが望まれます。その場しのぎの対応では、熟考した資料とはいえません。

当然のことながら、資料作成者が想定できる範囲は限られていますし、すべてを見通すことはできません。しかし、さまざまな人の目でブラッシュアップを図れば、資料の精度は高まっていくので問題ありません。

当面の対応だけでなく、先々の課題も盛り込む

○○小学校児童の事故への対応について

1　概要

　5月2日、○○小学校の児童が、通学途中に△△町の側溝に落下し、軽傷を負うという事故が発生した。この事故への対応、及び今後想定される課題について以下にまとめる。

2　問題点

　今回の事故の原因は、側溝に安全上の対策が取られておらず、以前にも住民からも危険であると指摘されていた箇所であった。このため、①学校の安全対策、②市内施設の安全管理の 2 点から問題点が指摘できる。

3　対応案

　上記をふまえ、次の2点を早急に実施する。

(1)　学校の安全対策

　市内の全小中学校において、通学上の安全対策について問題がないか、通学路の確認を行い、5月までに教育委員会が結果を取りまとめる。

(2)　市内施設の安全管理

　市内の道路、橋梁、護岸などの土木施設について安全確認を行い、5月までに土木部が結果を取りまとめる。

4　今後想定される課題

　早急に実施する内容は「3　対応案」のとおりだが、今後の課題として以下のような課題が想定される。

(1)　議会への対応

　今回の事故については、すでに各議員には周知を行っているが、第2回定例会での報告方法について検討する。

(2)　保護者への説明

　今回の事故を受け、各小中学校で学校の安全対策について、再度保護者へ説明する。具体的な説明内容や日程については、別途調整する。

(3)　定期的な安全管理対策

　今後、こうした事故が再発しないように、定期的な安全管理を行う必要がある。来年度の予算編成までに、定期的な安全管理対策について、全庁的な検討を行う。

第4章　説得力のある理由・根拠を明示する

8 時系列の推移を示す

時系列の推移が、事実を明確にしてくれる

　事件や事故の報告書や、いろいろな出来事を整理する資料では、時系列に事態の推移を示すと効果的な場合があります。

　皆さんにも経験があるかもしれませんが、住民、議会、庁内の上司など、さまざまな人が関係するような場合、それぞれの人に、いつどのようなことが起こったのかを表にすると、事実関係をわかりやすく整理することができます。

　仕事をしていると、ときどき、いわゆる「ボタンのかけ違い」が起こって苦情が殺到することがあります。「A町会長は、『俺はそのときには何も知らなかった』と言っている」とか、「B議員は『○日の時点では報告がなかった』と怒っている」など、問題がこじれているような場合であっても、表にまとめてみると、案外、町会長や議員の勘違いであったことが判明した、なんてこともあるものです。

　なお、こうした時系列の推移では、当然のことながら、私見を交えず、淡々と事実だけをまとめることが重要です。

主体別、時系列、備考欄

　資料にする場合には、それぞれの主体別、時系列に整理すると事実が明確になり、関係が整理されます。また、備考欄を設けて、役所から見てどこがポイントなのか、問題点は何かを整理しておくと、よりわかりやすくなります。

　上司などの読み手は、時系列の推移を見て、「結局、問題点はどこか」「何が問題だったのか」を知りたがっています。読み手に考えさせるのではなく、きちんと整理された資料こそが、親切な資料というものです。

事故の経過を時系列にまとめる

	出来事	幼稚園	教育委員会	備考
26.4.7	事故発生で園児1名が軽傷を負う	・園児、病院で受診し、帰園 ・保護者に連絡、事故について理解 ・教委に連絡 ・遊具を使用中止	・園からの連絡を受け、首長及び教育委員に報告 ・職員が遊具を確認、使用中止とした	
26.4.8	園児は通園	事故の概要と遊具の使用中止について保護者に通知	遊具の安全管理について、設置業者に連絡	設置業者は○○興業
26.4.9	業者が遊具について確認、経年劣化による破損であることが判明	保護者説明会の開催通知を保護者に配布		△△議員より、事故の内容を教えてほしいと教育長に電話有
26.4.11	保護者説明会	事故について保護者に説明	保護者説明出席	説明会では、再発防止に取り組んでほしいとの意見が大半

第4章 説得力のある理由・根拠を明示する

コラム4 聞き手の視線に注意する

さまざまな資料を見なければ、説明についていけない

　資料を聞き手に渡し、口頭で説明するときは、単に書いてあることを一言一句読み上げるのではなく、豆知識や小ネタも効果的に折り込みます。このことに加えて、もう1つ注意してほしいことがあります。それは、聞き手の視線に注意することです。

　例えば、まずい説明の例に、次のようなものがあります。概要は、レジュメにまとめているものの、個々の詳しい内容については、別に資料を複数用意しています。レジュメに沿って説明しているものの、要所で資料を参照するため、聞き手はその度に資料を持ちかえたり、新たな説明箇所を探す必要が出てくるのです。それが、頻繁に繰り返されると、「説明が飛んで、よくわからない」といった苦情が出てしまうのです。

高齢者には特に注意

　特に高齢者の場合には、こうした苦情が出やすくなります。住民説明会、議会、首長など、高齢者が対象の場合には、説明者はこうした点についても十分配慮する必要があります。

　聞き手は、単に資料の説明を聞けば理解できるわけではなく、自分の頭で咀嚼して理解します。それにもかかわらず、説明する資料があっちこっちに飛んでしまっては、落ち着いて咀嚼することはできません。

　説明者は、聞き手が考えることができるように、視線を動かさなくてもよいような、配慮をする必要があります。理想は、1枚の資料で説明することですが、それが不可能な場合でも、できるだけ視線を動かす回数が少なくて済む説明を心がけましょう。

第5章

見やすい資料をつくる

1 レイアウトを工夫する

同じ資料でも、読み手の印象は大きく異なる

　資料の良し悪しは、資料をもらった瞬間にわかることがあります。

　右頁の「工夫していない資料」の例は、文字の大きさ、フォント（書体）の種類に変化がなく、メリハリがありません。また、読み手は、長い文章を目で追わなければならず、非常に読みにくいものとなっています。

　これに対して、「工夫している資料」の例は、記述も箇条書きになっていたり、文字の大きさ、フォントを変えたりして見やすくなっています。また、下線、太字なども使って、読み手にも印象に残るように配慮されています。

　このように、同じ内容の資料でも、レイアウトや見せ方によって印象は変わります。資料作成にあたっては、内容だけでなく、見やすさも十分配慮しましょう。

簡単なものから身に付け、レベルアップを

　なお、このレイアウトについては、非常に多種多様の手法があることから、資料作成に慣れない人にとっては、非常に難しく感じてしまうかもしれません。しかし、最初から完璧を求める必要はありませんし、それは無理というものです。

　これまでもいくつか述べてきましたが、①標題と各タイトルをゴシック体、それ以外の文章を明朝体にする、②できるだけ箇条書きを使用する、の2点だけでも、十分効果的です。

　資料作成に慣れてきたら、図表やフローチャートの活用などを取り入れてレベルアップを図っていきましょう。工夫を心がければ、数多くの資料をつくる度に、技術は確実に向上していきます。大切なのは、読み手がどう感じるかです。そのことを忘れなければ、大丈夫です。

レイアウト（見せ方）を工夫する

◆工夫していない資料

　　　　　　　　　防災訓練の実施について

　例年実施している防災訓練について、本年は下記のとおり実施します。所属職員に、十分な周知をお願いします。

1　訓練日時
　　平成 26 年 9 月 1 日（月）8：30 〜
2　訓練内容
　　一般職員及び管理職員は、登庁後、防災服を着用する。管理職員は、9 時 20 分に 51 会議室に集合し、市長から訓示を受ける。その後、職場に戻り、職場の安全管理票に基づき、チェックを行う。
　　一般職員は、12 時に庁舎中庭に集合し、副市長から訓示を受ける（ただし、業務に支障を来さないように、最低限の職員を職場に残留させること）。その後 12 時 30 分より、安全管理員に指名された者は、消火器訓練を行う。

◆工夫している資料

　　　　　　　　　防災訓練の実施について

1　訓練日時
　　平成 26 年 9 月 1 日（月）8：30 〜
2　訓練内容
　　登庁後、全職員は防災服着用。その後は、以下のとおり。
　①管理職員
　　　9：20　市長から訓示（51 会議室）
　　　　　　終了後、職場の安全管理票に基づくチェック
　②一般職員
　　　12：00　副市長から訓示（庁舎中庭）
　　　　　　※業務に支障を来さないよう、最低限の職員は残留させること
　　　12：30　消火器訓練（安全管理員に指名された者のみ）

第 5 章　見やすい資料をつくる

2 文字の大きさ、フォントを変える

文字の大きさは、2、3種類の使い分けを

　この項以降は、具体的な工夫について、まとめていきたいと思います。まず、「文字の大きさを変える」です。

　資料すべてが、同じ文字の大きさで書かれているよりも、文字の大きさが一部異なっている方が、読み手の視覚に訴えられるのはおわかりいただけると思います。かといって、その大きさが 10 種類もあったりすれば、かえってわかりにくくなってしまいます。通常は 2、3 種類程度で活用しましょう。

　なお、通常の文書と異なり、文字を大きくする箇所は、標題や見出し、また特に重要な点や強調ポイントです。読み手に印象を残す観点からも、あまり長文では使用しません。

標題や見出しのフォントを変える

　次に、「フォントを変える」です。

　標題や見出しをゴシック体、通常の文章を明朝体のように、ここでもポイントとなる部分のフォントを変えることにより、見やすくなります。

　標題、見出しが先のようにゴシック体であれば、パッと目に飛び込み、資料全体の構成が読み手に一目でわかるようになります。

　また、重要な部分や他の資料の引用部分などのフォントを変えることも、よく使われる手法です。こちらも、あまり多くのフォントを使用すると、かえってわかりにくくなりますので、やはり 2、3 種類が適当だと思います。

文字の大きさ、フォントだけでも印象は変わる

◆すべて同じ大きさ、フォントの資料

広告事業の導入について

1　目的
　本市では、長引く景気低迷の影響から、歳入環境が悪化している。しかしながら、今後とも安定的な財政運営を行う必要があることから、財源確保策の一環として、新たに広告事業の導入を行う。

2　今後の進め方
　庁内の庶務担当課長で構成する「広告事業検討委員会」を設置し、全庁的に検討を行う。

3　他市の状況
　○○市では、広告事業として年間500万円程度の歳入があるほか、事業協賛などで歳出の抑制を図っている。

◆文字の大きさ、書体を変えた資料

広告事業の導入について

1　**目的**
　本市では、長引く景気低迷の影響から、歳入環境が悪化している。しかしながら、今後とも安定的な財政運営を行う必要があることから、財源確保策の一環として、新たに広告事業の導入を行う。

2　**今後の進め方**
　庁内の庶務担当課長で構成する「広告事業検討委員会」を設置し、全庁的に検討を行う。

3　**他市の状況**
　○○市では、広告事業として年間500万円程度の歳入があるほか、事業協賛などで歳出の抑制を図っている。

3 下線・太字・斜体でメリハリをつける

整理して下線などの装飾を行う

　文字の大きさ、フォントに加えて、さらに強調したいときは、下線や太字、斜体を使ってメリハリをつけます。

　これらを使う際の注意点としては、下線・太字・斜体それぞれについて、どのような場合に使うのか、1つの資料の中でルールを決めておくことです。特にルールもないまま適当になってしまうと、せっかくの工夫も見にくくなってしまいます。

　例えば、「予算に関する部分」は太字にする、「読み手に特に注意してほしい場所」には下線を付す、「引用部分」は斜体にする、といった具合です。これならば、読み手が、予算の部分にだけ着目したいときは太字を探せばよいわけですし、引用箇所を抽出したければ斜体を見つければよいのです。

　こうした要素がバラバラに入っていると、読み手は混乱してしまうのです。

資料の読み手を考えた装飾を

　文字の大きさやフォント、また下線・太字・斜字などを、どの程度資料に盛り込むかは、人によって異なります。正解と呼べるものはなく、資料作成者の経験とセンスによります。

　資料作成者がどんなに手の込んだ装飾を施して「これで、より見やすくなっただろう」と思ったとしても、資料の読み手が高齢者や年輩の上司であったりすると、かえってわかりにくいということも起きます。

　やはり、こうした工夫についても資料の読み手のことを十分に考え、読み手に応じた工夫が必要です。

下線・太字・斜体を使った例

広告事業の導入について

1　目的
　本市では、長引く景気低迷の影響から、歳入環境が悪化している。しかしながら、今後とも安定的な財政運営を行う必要があることから、<u>財源確保策の一環として、新たに広告事業の導入を行う</u>。

2　今後の進め方
　庁内の庶務担当課長で構成する<u>「広告事業検討委員会」</u>を設置し、全庁的に検討を行う。

3　他市の状況
　○○市では、広告事業として年間500万円程度の歳入があるほか、**事業協賛などで歳出の抑制を図っている**。

4　職員提案について
　例年9月に実施している職員提案制度の本年のテーマは<u>「具体的な広告事業の提案」</u>とする予定。詳細については、*後日発表*。

具体的な広告事業について、職員提案制度への皆さんの応募をお待ちしております！！

4 情報を盛り込みすぎず、余白を活かす

余分な情報は、思い切って捨てる

　真面目な職員ほど、資料にあらゆる情報を掲載しようとします。それは、「漏れのないように」との思いが背景にあるようですが、これでは「読み手にきちんと伝わるか」という配慮に欠けています。

　本書の冒頭（第1章）で述べたとおり、「資料のテーマはシンプルに考える」ことが大事ですが、テーマだけでなく、資料はビジュアルにも考慮し、情報を盛り込みすぎないことが大切です。

　例えば、上司に新規事業を提案するにあたり、事業の詳細内容から具体的な進め方までびっしり詰め込んだ資料を作成したとします。

　しかし、上司にとっては、この段階では、まず「事業の概要」がわかればよく、事業実施のため、具体的にどのように進めるかは二の次です。そう考えると、その資料は上司には余分な情報が掲載されていることになります。相手に必要な情報がきちんと伝わるように、余分な情報は思い切って捨てる判断が必要です。

余白がなければ、メモも書けない

　また、「余白を活かす」ことも重要です。

　例えば、Ａ４判の資料の上下左右にほとんど余白がなく、文字で埋め尽くされていては、読み手がメモを書くこともできません。また、用紙には適度な余白のスペースがないと、非常に見にくくなります。これでは非常に圧迫感があり、「資料を読もう」という気持ちを無くさせるものです。

　また、上下左右だけでなく、行間・字詰めなどについてもある程度の余裕が必要です。資料に余白があることも、読み手にとって、「やさしい」資料の条件です。

行間の調整だけでも、印象は変わる

◆**狭い行間の資料**

>
> 防災訓練の実施について
>
> 例年実施している防災訓練について、本年は下記のとおり実施します。
>
> 1　訓練日時
> 　　平成26年9月1日（月）8：30～
> 2　訓練内容
> 　　登庁後、全職員は防災服着用。その後は、以下のとおり。
> ①管理職員
> 　　9：20　市長から訓示（51会議室）
> 　　　　　　終了後、職場の安全管理票に基づくチェック
> ②一般職員
> 　　12：00　副市長から訓示（庁舎中庭）
> 　　　　　　※業務に支障を来さないよう、最低限の職員は残留させること
> 　　12：30　消火器訓練（安全管理員に指名された者のみ）

◆**行間にゆとりを持たせた資料**

>
> 防災訓練の実施について
>
> 例年実施している防災訓練について、本年は下記のとおり実施します。
>
> 1　訓練日時
> 　　平成26年9月1日（月）8：30～
>
> 2　訓練内容
> 　　**登庁後、全職員は防災服着用。その後は、以下のとおり。**
> ①管理職員
> 　　9：20　市長から訓示（51会議室）
> 　　　　　　終了後、職場の安全管理票に基づくチェック
> ②一般職員
> 　　12：00　副市長から訓示（庁舎中庭）
> 　　　　　　※業務に支障を来さないよう、最低限の職員は残留させること
> 　　12：30　消火器訓練（安全管理員に指名された者のみ）

第5章　見やすい資料をつくる

5 注釈を付ける

専門用語やトピックスの説明を付す

　資料では、階層別に見出しを付けて、構成がわかりやすくなるように工夫をしますが、本文の流れとは別に、途中で専門用語やトピックスについて注釈を付す場合があります。

　例えば、本文で「市財政は、基金残高の減少と起債残高の増加により、非常に厳しい状況になっている」と記し、その「基金」と「起債」について、別枠で説明するような場合です。

　こうした場合、資料を見やすくするために、その説明を枠で囲んだり、注釈専用の装飾をしたり、本文とは文字の大きさを変え、少し小さくすると、注釈であること（本文とは異なること）を明確に示すことができます。

　また、資料によっては、専門用語が多いために、資料の各ページの下に一定の欄を設け、脚注として扱う場合もあります。

　あくまで、本文の流れとは異なるため、あまり長文にならないよう、簡潔明瞭にまとめることが大切です。あまり注釈が長くては、資料全体のバランスを崩してしまうことになります。

注釈は一定のルールで掲載

　なお、取り上げる注釈については、一定のルールが必要です。

　資料の1枚目は専門的な用語の解説なのに、2枚目で取り上げている注釈は誰でも知っているような用語であれば、資料全体としてアンバランスになってしまいます。

　また、標記についてもバラバラにせず、統一感を保つことが求められます。

注釈を付けて補足説明をする

財政健全化判断比率について

1　概要
　平成 19 年 6 月に公布された地方公共団体の財政の健全化に関する法律では、地方公共団体の財政状況を客観的に表すものとして、健全化判断比率（※）の公表を定めています。
　また、健全化判断比率によっては、財政の早期健全化及び財政の再生を図るための計画を策定することが義務付けられています。

※ 参考　健全化判断比率とは以下の 4 つの財政指標を指す。
　　①実質赤字比率
　　②連結実質赤字比率
　　③実質公債費比率
　　④将来負担比率

2　早期健全化団体と再生団体
　健全化判断比率が早期健全化基準または財政再生基準以上になると、早期健全化団体、再生団体となります。
　(1)　早期健全化団体
　　　自主的な改善努力による財政健全化
　(2)　再生団体
　　　国等の関与による確実な再生

6 漏れなく、ダブりなく

MECEとは

MECE（ミッシー）とは、Mutually Exclusive and Collectively Exhaustiveの略であり、「相互に排他的な項目に完全な全体集合」を意味する言葉です。

簡単に言うと、「漏れなく、ダブりなく」整理するということです。

つまり、例えば人間であれば男性と女性に区分する、国会議員であれば衆議院議員と参議院議員に区分するというように、ある1つのまとまりを重複や例外なく、完全に区分することをいいます。

論理的思考法の1つ

何かを区分するときに使われる、この論理的思考法は、実際の資料作成でも役立ちます。

例えば、新たに職員研修の提案を行うとします。「全職員に対し、必ずいずれかの研修を受けさせる」ことが前提条件です。

このような場合、「管理職には、経営研修を実施する」「係長級には、監督者研修を実施する」「主任級は、中堅職員研修を実施する」「主事は、接遇研修を実施する」などのように整理すると、すべての職員が何かしらの研修を受講することを示すことができます。つまり、職員研修について、すべての職員に対し「漏れなく、ダブりなく」提案しているのです。これにより、すべての職員を網羅することができ、論理的な説明となります。

しかし、この場合、管理職＋係長職＋主任級＋主事という区分で全職員をカバーできているので問題ありませんが、もし次長級というポストがあった場合には、漏れがあることになります。あくまで全員を「漏れなく、ダブりなく」整理することが必要です。

MECEを用いて分類する

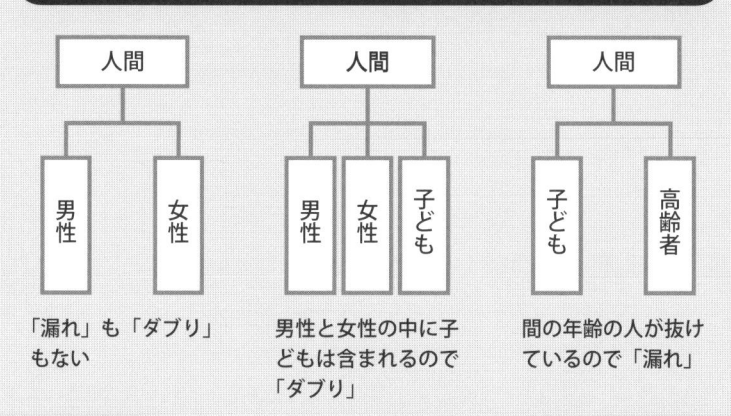

```
人間
├ 男性
└ 女性
```
「漏れ」も「ダブり」もない

```
人間
├ 男性
├ 女性
└ 子ども
```
男性と女性の中に子どもは含まれるので「ダブり」

```
人間
├ 子ども
└ 高齢者
```
間の年齢の人が抜けているので「漏れ」

MECEを資料作成に活かす

職員研修の提案について

1 目的
　現在実施している研修制度は、平成12年度以来見直しが行われておらず、マンネリ化が指摘されている。人材育成基本方針に基づき、職員一人ひとりの能力開発を推進する視点から、新たな職員研修について提案する。

2 提案内容
　職層別に、新たに以下のような研修を実施する。
　　管理職　…　経営研修
　　係長職　…　監督者研修
　　主　任　…　中堅職員研修
　　主　事　…　接遇研修
　⇒　これによりすべての職員に対して、新たな研修を実施することとなり、職員の能力開発が期待できる

3 具体的な研修手順
　（略）

第5章　見やすい資料をつくる

7 フローチャート

手順を示す流れ図

　フローチャートとは、計算の手順などを図で表したもので、流れ図ともいいます。コンピューターのプログラムなどを知っている方であれば、アルゴリズムを図で表したもの、といった方がわかりやすいかもしれません。処理や作業、判断など、いくつかの動作の流れを図で示したものです。

　ファストフード店を例にすれば、①客の注文を聞く、②調理場に伝える、③商品を受け取って袋に入れる、④客から代金をもらう、⑤商品を渡す、これが一連の流れですが、②で商品が品切れであれば、それを客に伝える、などの別な動作が出てくる場合もあり、それを図で表現したものとなります。

全体像がわかり、一連の流れが理解できること

　厳密には、このフローチャートで用いる図の形は決まっているのですが、公務員が実際に作成する資料では、そこまで厳密である必要はありません。それよりも、全体像がわかり、一連の流れがわかりやすいことが重要です。

　また、このフローチャートでは、全体が表示されていることが重要ですので、本来は2つある選択肢が1つしか書かれていなかったり、レアケースを記述していなかったりということがないように注意しましょう。

　繰り返しになりますが、あくまで、全体像がわかり、一連の流れが理解できることが重要です。この図は、住民の方への手続き案内などにもよく活用されています。

フローチャートを活用する

◆就学援助の手続きについて

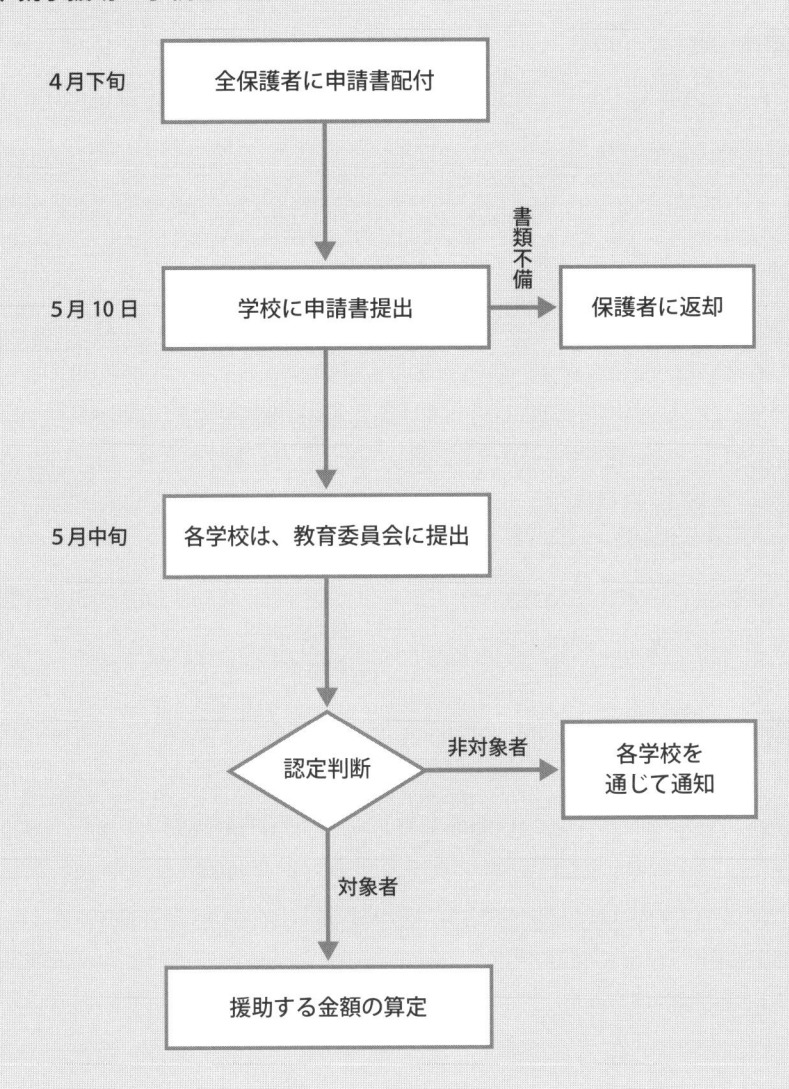

```
4月下旬      全保護者に申請書配付
                  ↓
                              書類不備
5月10日     学校に申請書提出  ────→  保護者に返却
                  ↓
5月中旬     各学校は、教育委員会に提出
                  ↓
              ◇認定判断◇  ──非対象者──→  各学校を通じて通知
                  ↓ 対象者
              援助する金額の算定
```

第5章 見やすい資料をつくる

8 ロジックツリー

目的－手段

　ロジックツリーは「論理木」とも呼ばれ、物事を論理的に分析・検討するときに、その論理展開を樹形図に表現していく方法をいいます。

　一般的な例として「家計を改善する」という目的があったとします。

　この目的のためには、「収入を増やす」と「支出を減らす」という2つの手段が考えられます。

　次に、「収入を増やす」ためには、「副業を始める」「残業する」「実家に援助を依頼する」といった手段が想定できます。

　このように、まず「目的」と「手段」という体系で考え、次に手段を目的として、その手段を考えていきます。つまり、目的を達成するために、手段を細分化していくのです。当初は抽象的だった目的が、細分化されることによって、より具体的な手段として構成されていくのです。

　なお、目的の下にある手段は、ここではMECEではありませんので、必ずしも「漏れなく、ダブりなく」挙げる必要はありません。

結果－原因

　なお、このロジックツリーは、必ずしも目的－手段だけの関係でなく全体と部分、結果と原因という関係でも整理できます。

　例えば、「住民が窓口でクレームを言っている」（結果）であれば、原因として「職員の対応が悪い」とか「機械が故障して長時間待たせた」など複数の原因が挙げられるかもしれません。そして「機械が故障した」（結果）ことの原因も、また分析できるわけです。

　このように整理すると、何が本当の問題だったのかを整理することができます。

論理展開をロジックツリーで表現する

◆例：家計の改善

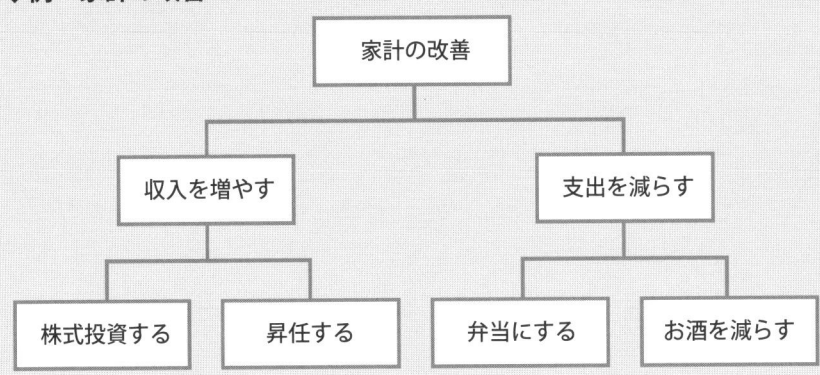

```
                    家計の改善
                   /        \
            収入を増やす      支出を減らす
           /       \         /        \
      株式投資する  昇任する  弁当にする  お酒を減らす
```

◆例：防災対策における共助の推進

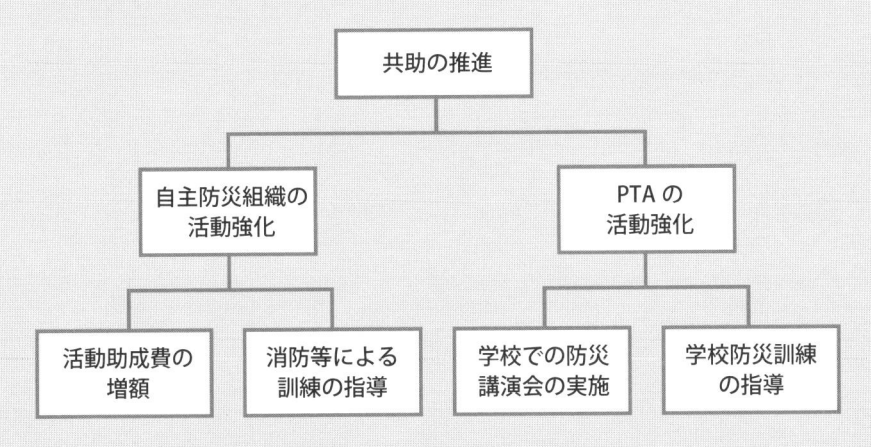

```
                    共助の推進
                   /         \
        自主防災組織の      PTAの
         活動強化         活動強化
         /      \         /        \
   活動助成費の  消防等による  学校での防災  学校防災訓練
      増額     訓練の指導   講演会の実施   の指導
```

上位が目的、下位が手段の関係となっている。

第5章 見やすい資料をつくる

9 PDCA

PLAN、DO、CHECK、ACTION

　PDCAについては、ご存じの方も多いかと思いますが、業務を円滑に進める手法の1つで、PLAN（計画）、DO（実行）、CHECK（評価）、ACTION（改善）の一連の流れをいいます。

　例えば、ある事業の計画を行い、実際に実施します。その後、その事業の評価を行い、改善を行い、新たな事業計画につなげるというものです。これにより、事業のレベルアップが図られていきます。

あえて図表化することで検証する

　このPDCAについては、日頃の事業の中でも実施されているものです。新規のイベントを企画し、実行してみる。イベント終了後にその評価を行い、改善点を探り、それを来年度のイベントに反映する。こうして、イベントの内容が改善していくのです。

　係長や課長などの上司であれば、このPDCAについては当たり前のように使っているので、珍しいものではありません。図表化しても、「そんなことはわかっているよ」と言われるかもしれません。しかし、きちんと評価・改善を行っているのかは、案外見落としがちな観点です。資料の中で図表化することで、改めて検証するよい機会になると思います。

　また、このサイクルに着目すると予算要求などの場面で有効に活用することができます。イベントの実施→住民アンケートの結果→改善点の把握→来年度予算の要求と、財政部門に対し、論理的に説明することが可能となります。

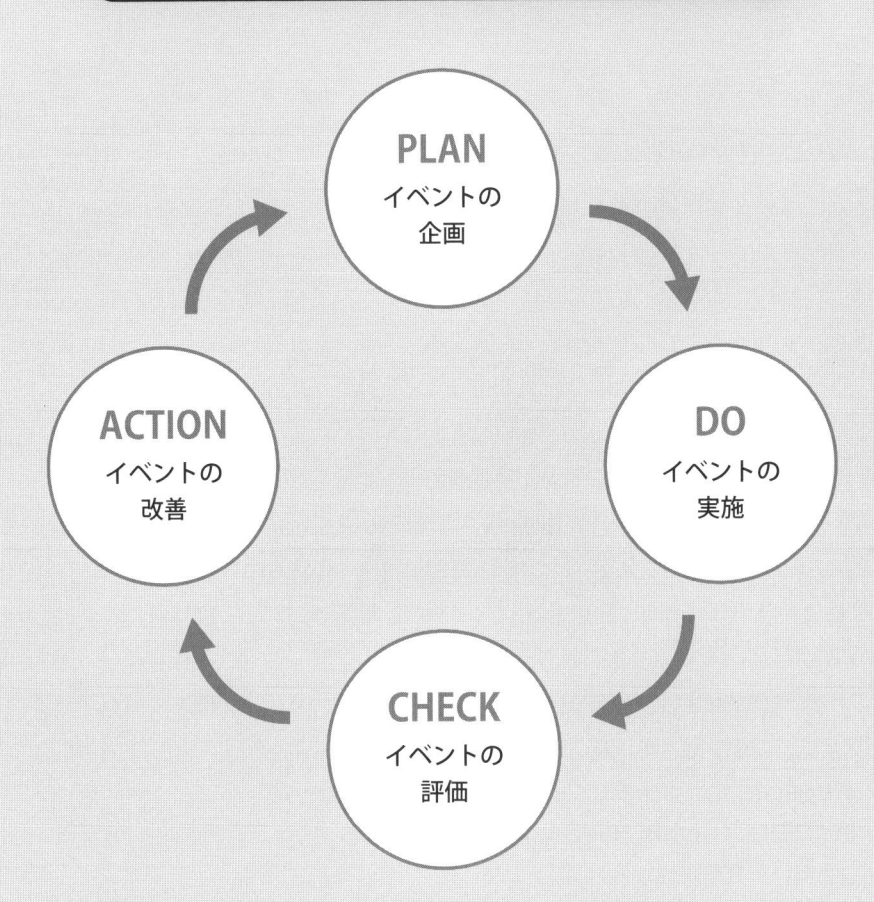

イベントのPDCAサイクル

- **PLAN** イベントの企画
- **DO** イベントの実施
- **CHECK** イベントの評価
- **ACTION** イベントの改善

10 ポートフォリオ

位置づけを確認する

　ポートフォリオとは、携帯用書類入れを意味する英語ですが、図表として活用する場合は、右図のようなものとなります。

　このケースでは、新規事業として、A・B・C・Dの4案が想定できたとして、縦軸にコスト、横軸に見込まれる効果をおき、それぞれの4案がどのような位置を占めるのか、そのポジショニングを確認する図表になっています。また、円の大きさが事業の規模を示します。これにより、4案の位置付けが明確になります。これは、一覧表としての役割があります。

　このように、2つの軸（切り口）から分析するのが、ポートフォリオです。軸にはこの他に、少ない・多い、理想的・現実的なども考えられます。右のように「効果」であれば、自治体の場合には、住民満足度や職員の事務量などが挙げられます。

　また、例えば既存事業を見直す際に、時間とともに各事業の位置付けが変化してきた、ということもこのポートフォリオで確認できます。以前も今も効果がある事業が、これまで以上にコストが必要となってきたなど、位置付けが移動するのが視覚的に理解できます。

最適な組み合わせを選ぶ

　また、別の活用方法もあります。多くの事業案があり、その中から複数の案を選択する場合は、どの組み合わせがよいのかという視点です。例えば、ある程度財源があり、どの事業とどの事業を選択すれば、コストと効果の面からよいのかという視点です。最適な組み合わせはどれか、ということです。ポートフォリオは、もともと投資家がリスクとリターンの2つの軸で、投資先を考える際に役立てていたものです。いかに分散投資をするか、という視点からきているのが由来となっています。

ポートフォリオで分析する

◆事業の位置付けを確認する

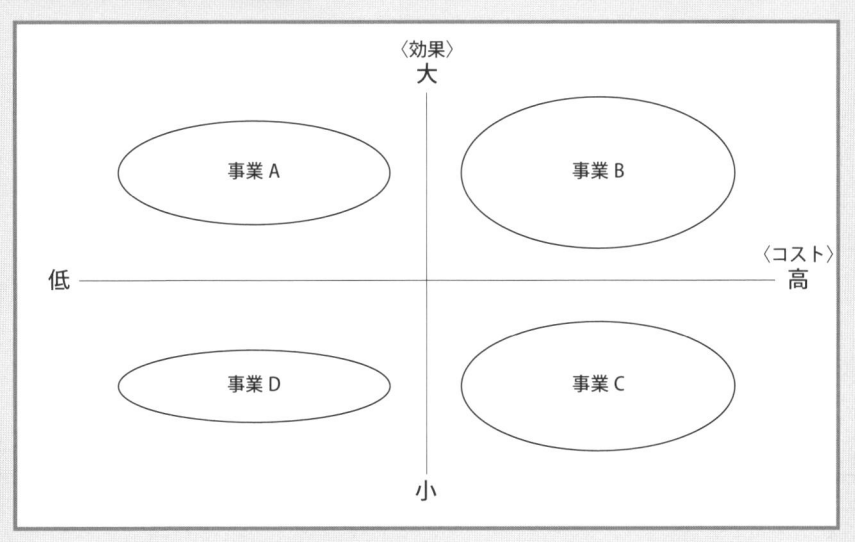

```
                    〈効果〉
                     大
       ┌─────┐          ┌─────┐
       │ 事業A │          │ 事業B │
       └─────┘          └─────┘
                                          〈コスト〉
  低 ─────────────────────── 高
       ┌─────┐          ┌─────┐
       │ 事業D │          │ 事業C │
       └─────┘          └─────┘
                     小
```

◆事業の位置付けの変化を確認する

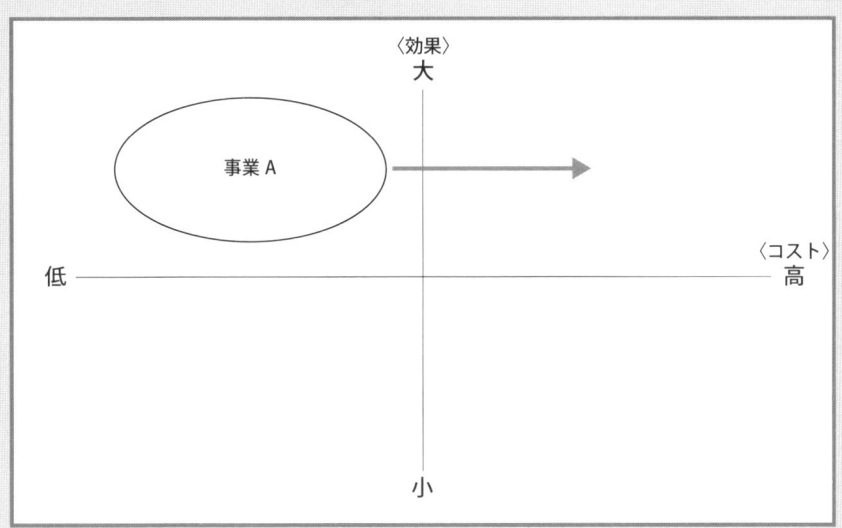

```
                    〈効果〉
                     大
       ┌─────┐
       │ 事業A │  ───────▶
       └─────┘
                                          〈コスト〉
  低 ─────────────────────── 高


                     小
```

11 グラフ

グラフの種類

　数値で示すデータをグラフにすると、見やすく、わかりやすい資料になります。

　Excelなどの表計算ソフトを用いてグラフを作成する場合、まずは表を作成します。その上で、表の特長に合わせて、適したグラフを選びます。グラフにはいろいろな種類がありますが、一般的によく使われるのが、「棒グラフ」「折れ線グラフ」「円グラフ」の3つです。

　これらを含めて、次のようなグラフがあります。
- 棒グラフ…大小を比較する
- 折れ線グラフ…変化を見る
- 円グラフ…構成比を見る
- 帯グラフ…構成比を比較する
- ヒストグラム…データの散らばり状況を見る
- レーダーチャート…複数の指標をまとめて見る
- 散布図…データの相関を見る
- 箱ひげ図…データの散らばり状況を見る
- 三角グラフ…3つの量の構成比を見る

多くの資料を見ると、グラフの活用方法がわかる

　どのグラフを使えば効果的なのかは、実際に作成してみることはもちろん、多くの実例を見ることで身に付きます。例えば、レーダーチャートであれば、財政比較分析表や児童生徒の体力調査などで使われていることを目にしたことがある方も多いはずです。「地方財政白書」をはじめとする財政関係の資料などを見るときは、どのようなグラフが使われているかに着目して、活用の幅を広げていきましょう。

よく使うグラフの例

◆棒グラフ

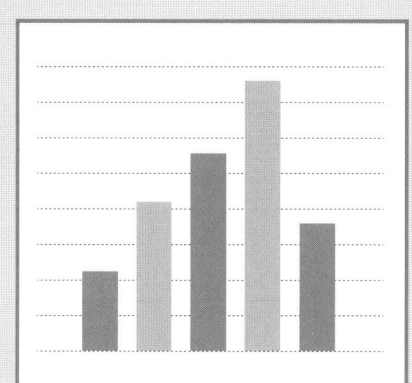

棒線の長さで数量の大小を示す時に使う

◆折れ線グラフ

時間の経過に伴う数値の変化(推移)を示す時に使う

◆円グラフ

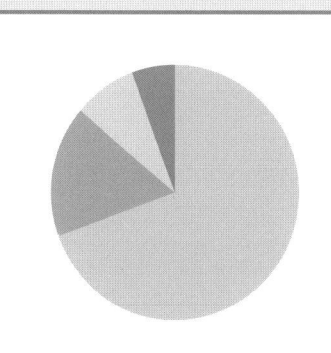

割合や構成比などを示すときに使う

◆レーダーチャート

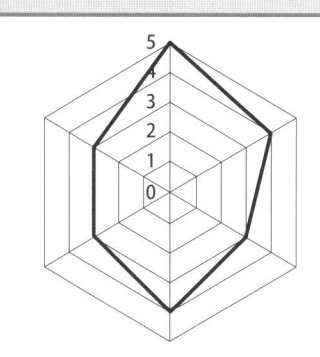

複数の指標(評価軸)を示すときに使う

12 数式

数式を用いる3つのパターン

　資料では、さまざまな数字を記号に置き換えて、数式で表現すると、関係性が明確になってわかりやすくなります。

　ここでは、具体的に3つの方法を解説します。

　1つ目は、表の中で用いる場合です。

　例えば、右のように、表の中に相談件数（A）、相談日数（B）、1日あたりの相談件数（A／B）としておくと、わかりやすくなります。この例のように、項目が3つ程度であれば数式がなくてもわかりますが、項目数が多い場合には、数式を入れておかないと、項目同士の関係がわかりづらいため、ぜひ入れるとよいでしょう。

　2つ目は、表の中ではなく、わかりやすくするために数式によって示す方法です。歳入決算額をA、歳出決算額をBとしておけば、A＞Bならば黒字、A＜Bならば赤字であることを示します。この場合も、数式にした方が文章で表現するよりも、わかりやすくビジュアル的にも効果があります。

　ただし、1番目も2番目もあまり項目が多過ぎると、かえってわかりにくくなるので、注意が必要です。計算式に直接関係なければ、あえてAやBなどの記号で置き換えなくても、問題ありません。必要なものだけ置き換えれば、十分です。

　3つ目は、AやBなどに置き換えずに、言葉を数式で示すものです。これは、民間企業のプレゼンテーション資料などに用いられることが多いのですが、例えば「筆記試験6割以上×面接での高評価＝合格」のように、言葉をあえて数式で示すことにより、読み手にインパクトを与えるのです。単に「筆記試験で6割以上正解し、面接で高評価が得られれば合格です」と文章にするよりも効果的です。

数式を活用する

| 目 的 | 記号に置き換えて数式で表現することにより、関係性を明確にする。または、数式で表現することにより、わかりやすくしたり、視覚に訴える。 |

◆表の中で用いる場合

スクールカウンセラーの相談状況（4月～7月）

	相談件数（A）	相談日数（B）	1日当たりの相談件数（A/B）
X小学校	351	18	19.5
Y小学校	215	16	13.4

◆わかりやすくするために用いる場合

※A：歳入決算額　B：歳出決算額

$$A > B \Rightarrow 黒字$$
$$A < B \Rightarrow 赤字$$

◆視覚に訴えるために用いる場合（記号に置き換えない）

筆記試験6割以上 × 面接での高評価 ＝ 合格！

能　力 × 努　力 ＝ 成果！

13 写真・イラスト

文字で説明するよりも、一目瞭然

　次に、写真・イラストです。

　例えば、資料の中で、橋の種類を説明したり、簡易トイレなどの防災グッズを紹介したりする場合、文字で説明するよりも、写真を見せた方が一目瞭然です。読み手の誰でもが知っている内容であれば、写真は必要ありませんが、一般にあまり認知されていないような場合は、写真を活用することがとても有効です。

　同様に、写真がない場合については、イラストを活用するとわかりやすくなります。皆さんも目にしたことがあると思うのですが、施設を建設する場合に完成予想図が掲載されていれば、読み手はイメージを持ちやすくなります。建物の大きさなどを数値で示されても、読み手には想像がつきません。

著作権には十分注意

　また、イラストについては、例えば資料のQ&Aそれぞれにキャラクターを付し、質問と答えという形式をとれば、見やすくなります。単に文字だけ羅列した質疑応答よりも、親しみやすい資料になります。

　さらに、特に資料とは直接の関係がなくても、ワンポイントでイラストを掲載したりするだけで、資料のイメージはがらっと変わります。イラストがあれば、ちょっとした息抜きにもなります。

　このように、写真やイラストは非常に有効なツールですが、使うときは著作権などの権利関係には、十分注意してください。

イラストを使った資料の例

地方財政の役割

　都道府県や市町村は、学校教育や福祉・衛生、警察・消防、道路、下水道などの整備といったさまざまな行政分野の中心的な担い手であり、国民生活に大きな役割を果たしています。
　ここでは、個々の地方公共団体の財政の集合である地方財政について、普通会計を中心として、平成24年度の決算の状況、地方公共団体の健全化判断比率等の状況などを紹介していきます。（上下水道、交通、病院などの「公営企業」は、「地方公営企業」で紹介します。）

地方公共団体の会計の決算統計上の分類

　地方公共団体の会計は、一般会計と特別会計に区分経理されていますが、各団体の会計区分は一様ではないため、決算統計では、地方公共団体全体の財政の状況を明らかにするとともに地方公共団体相互間の比較を可能とする観点から、統一的な方法により、一般行政部門の会計を普通会計として整理し、その他の会計（公営事業会計）と区分しています。

地方公共団体の会計

普通会計 ― 一般行政部門の会計

その他の会計（公営事業会計）
- 公営企業会計
  - 水道事業　● 交通事業　● 電気事業　● ガス事業
  - 病院事業　● 下水道事業　● 宅地造成事業　など
- 国民健康保険事業会計
- 後期高齢者医療事業会計
- 介護保険事業会計

など

出典：平成26年版　地方財政白書ビジュアル版

第5章　見やすい資料をつくる

コラム5 複数の資料を説明するときは要注意

情報量が多い時ほど、伝え方に注意する

　説明する資料が複数にわたるときは、注意が必要です。それは、説明内容にダブりがあったり、本来の議題とは違う部分で説明されたりすると、聞き手に混乱をもたらしてしまう可能性があるからです。

　例えば、住民を対象に道路工事の説明会を開催したとします。議題としては、①工事の必要性について、②工事スケジュール、③工事中の通行禁止区域、です。全体のレジュメとともに、①～③についてそれぞれ別な資料を準備しました。

　この場合、よくあるミスとしては、①～③の資料の内容に重複があったり、本来は①で記述すべき内容が③で書かれていたりすることです。以前、MECEで説明したように、資料や説明は論理的であることが求められます。「漏れなく、ダブりなく」であることが聞き手にとっては理解しやすいのです。もちろん、重要な部分について繰り返して説明することもありますが、基本的にはきちんと整理・区分して記述された資料であることが、体系立てられるので理解しやすいのです。

　また、説明にあたっても、それぞれの議題について論理立てて説明することが必要です。①の議題の中で③について説明したり、②の中で工事とは全然関係のない予定を話したりすれば、聞き手に混乱をもたらしてしまいます。

　情報量が多ければ多いほど、伝え方には注意する必要があります。場合によっては、「まず議題1は以上ですが、ここまでで質問はありますか？」のように、相手の理解を確認しながら、説明を進めることも必要となります。

第6章

相手を動かす資料をつくる

1 上司に判断を求める資料

上司が判断に必要な情報を提供する

　この項からは、具体的なシチュエーション・場面ごとの資料作成の方法について説明したいと思います。まず、上司に判断を求める資料です。こうした資料を作成する際のポイントを、いくつか整理したいと思います。

　第一に、判断を求める内容について、上司がどの程度知っているか、という点です。例えば、事件や事故などの突発的な事項が発生した場合、上司はまだその内容を知らなければ、判断することはできません。そのため、まず判断に必要な情報、このケースであれば事件・事故の概要について、資料の冒頭に触れる必要があります。

　上司が熟知している内容であれば、あえてそうした点について詳述する必要はありませんが、上司が全く知らないことであれば、ポイントを整理して伝える必要があります。この際には、あくまで上司の立場になり、判断に必要な情報を簡潔明瞭、的確に伝えることが大事です。上司にとっては直接影響のない職員の事務の煩雑さや、事務手続き上の課題などは削除し、上司に必要な情報のみをまとめます。

どのように上司に判断を求めるか

　第二に、どのように上司に判断を求めるか、という点です。

　例えば、資料の中に「現在、○○という問題点があります」とだけ記述し、「課長、どうしましょうか？」と判断を丸投げするのは、仕事の進め方として問題です。判断するのは上司の役割とはいえ、一から考えさせるのは問題です。部下が案を提示した上で、上司が判断するのが普通です。資料作成者である部下が、案をまとめなければなりません。

　先の事件・事故であれば、ある程度担当者が対応方針をまとめ、上司には「それでよい」と、単に了承を求めるだけというケースもよくあります。

上司に判断を求めるのですが、実質的には職員の考えた案について、お墨付きをもらうものです。

　また、上司に複数の案を提示し、その中から選択してもらうケースもあります。対応策として、A案、B案、C案の3つを提示したとします。資料の中には、それぞれの案のメリットやデメリット、その影響などもまとめます。

　このように整理することで、上司はそれぞれの視点から、優劣や特徴を判断することができます。そのため、資料にはA案、B案、C案が提示されていたとしても、上司はA案とB案の折衷案や、全く別の案を選択するかもしれません。

　上司が判断するためには、必要な視点についてきちんと整理されていることが重要です。単に思いついたメリット・デメリットを並べるだけでは、厳密に比較することはできません。例えば①コスト、②効果、③住民ニーズなど、評価基準を明確にし、それぞれに○・△・×を付けたり、それぞれの評価基準を点数化して、合計点で評価する資料もあります。

上司にどう判断してもらいたいかを明確にする

　第三に、上司にどのように判断してもらいたいか、ということを明確にすることです。判断するのは確かに上司ですが、「この案を選択してもらいたい」、「この内容でOKと言ってほしい」ということであれば、その意図を資料の構成や見せ方などで工夫する必要があります。

　偏見や曲解に満ちた資料は問題外ですが、そうした作成者の意図が伝わるよう考えることも重要な作業です。

上司に判断を求める資料の例①

平成 26 年 4 月 8 日

少子化と子育て支援対策について
～生みやすく育てやすい社会の構築に向けて～

1 提案の目的

　就労人口の減少、社会経済活動の停滞を招く急激な少子化は、現在大きな社会問題になっている。少子化の原因の 1 つとして、子どもを育てやすい環境になっていない点が挙げられる。今後の健全な社会の発展のため、育てやすい環境をつくり、少子化に歯止めをかけることは、本市の重要な課題である。よって、少子化と子育て支援対策について、以下のとおり提案する。

2 資料の内容
(1) 資料概要
　① 第 2 次ベビーブーム（昭和 46 ～ 49 年）時、2.14 人だった出生率は、現在約 1.3 人と激減している。また、出生数も約 200 万人から約 100 万人へと半減している（資料 1）。
　② 同時期、「職業を持つ女性」は、4 割弱から 5 割強へと増加している（資料 2）。
　③ 「小学生以下の子どもがいる世帯」及び「20 歳未満の子どもがいるひとり親世帯」の内、働きたいとの希望を持っている母親は 8 割弱と、5 年前の約 7 割よりも増加している（資料 3）。
　④ 子どもの保育時間について、「保育時間に合わせて仕事を調整する」など、勤務に影響を与えている率は、認可保育所で約 46％、認可外保育所で約 42％、全体で約 45％ある（資料 4）。
(2) 資料から読み取れる問題点
　このことから、次のように問題点を整理できる。

現在の少子化・子育て支援の問題点

働きたい女性が増えている → 保育施設の対応が不十分 → 出生率の低下

3 市政における課題
　以上のことから市政における課題として、次の点が挙げられる。
(1) 子どもを持つ親にとって、働きやすい環境が整備されていない
(2) 働いている親の保育ニーズ（保育時間）への対応が不十分である

4 少子化と子育て支援の方策ついて
(1) 具体案
　以上の課題に対し、市として次のような方策が考えられる。

案1	子育て支援就職相談会の実施	子どもを持つ就職希望のある親を対象に、市、ハローワーク、民間の職業紹介事業者などが協力し、就職相談会を実施する。就職希望者に対し、広く就労機会を確保できるように配慮する。
案2	市立保育園における保育時間の延長	市立保育園の保育時間について、保育時間を延長し幅広く住民ニーズに対応する。保育士の勤務時間については、園を超えてローテーションを組むなど、極力人件費の抑制を図る。
案3	子育て支援ホームページの開設	子育て支援に関する情報提供を目的としたホームページを開設する。具体的内容として、①求職者に対する求人情報、②保育施設の紹介（空き状況、保育時間など）、③親同士の情報交換のための掲示板、などを掲載する。

(2) 検討
　以上の各案を、①コスト、②効果、③持続性、④市民の利便性、⑤公平性の5点で検討する。⇒このことから、案3を選択する

	コスト	効果	持続性	市民の利便性	公平性	総合	備　考
案1	△	×	×	×	△	3	1日だけの開催であり、また子どもを持つ親の参加には困難がある
案2	×	△	△	△	×	2	市立保育園入所者のみが対象であり、それ以外の親からは不満が出る可能性がある
案3	○	△	○	○	○	1	コスト、利便性、情報の更新性などの点から評価できる

5　まとめ

　案3を実施することにより、次のようなシステムが構築できる。

期待される子育て支援システム

【行政】
① 子育て支援のホームページ作成・充実
② 市民ニーズの把握
③ 新たな施策の検討

【市民】
① 就労機会の確保
② 保育施設の利用拡大
③ 親同士の情報交換
④ 市への要望

生みやすい、育てやすい社会の実現
① 就職率の向上
② 保育施設の利用拡大・サービス向上
③ 行政・市民間の情報共化の促進

　また、今後の検討課題として、①市立保育園の更なる充実（保育時間の充実）、②求人情報に関する関係機関との連携強化、③認可外保育園への補助などがある。

上司に判断を求める資料の例②

平成 25 年 10 月 21 日
教育委員会事務局

私立幼稚園等園児の保護者に対する
補助金算定額の誤りについて

1 概要
・10 月 9 日に送付した「平成 25 年度私立幼稚園等補助金交付決定通知書」3,377 件のうち、333 件について補助金算定額に誤りがあり、うち 306 件は本来の補助金よりも多い金額で通知した。
・補助金は小学校 1 ～ 3 年生の子どもの有無によって異なるが、今回の誤りは電算のプログラム上、小学校 1 ～ 3 年生がいる世帯に対し、いない世帯区分で算出していたため。
・25 年 4 月からの制度改正に伴い、プログラム変更を行うべきところを、従前のまま処理したことが原因。
・補助金は 10 月と 3 月の 2 回に分けて振り込まれるため、3 月の振込時に調整する。

2 経過
10 月 9 日　　　　「平成25年度私立幼稚園等補助金交付決定通知書」発送
　　 14 日　　　　住民からの問い合わせにより誤算定が発覚
　　 16 日　　　　私立幼稚園等施設長に電話連絡
　　 16 ～ 20 日　対象世帯、金額等の抽出
　　 21 日　　　　議会に報告、マスコミ対応

3 今後の予定
〔25 年〕
10 月 22 日　　　対象世帯に謝罪文書と変更交付通知書を発送
10 月 23 日　　　前期分振込
〔26 年〕
 3 月 25 日　　　後期分振込

4 再発防止策（案）
　プログラムの修正を行うとともに、再発防止のため複数回のチェックを行う

2 上司に状況や経過を報告する資料

ポイントを的確に伝える

　次に、上司に状況や経過を報告する資料です。実際に想定される場面としては、次のようなものがあります。
①ある市が先進的な事業を行う、との新聞報道。上司から、「本市が実施した時には、どのような影響があるのか」と問われ、資料を作成。
②市内で事件・事故が発生。しばらくした後、上司に経過を報告する資料を作成。
③予定される消費税増税に対し、県内他市ではどのような対応をするのか、一覧表に整理。

　こうした資料の場合、特に上司に判断してもらうことが目的ではないため、事実などを正確に伝えることが重要です。目的は上司に状況や経過の全体像や概要を把握してもらうことにあります。細かい点をすべて報告したり、また偏った視点のみを取り上げたりするのではなく、ポイントを的確に伝えることが重要です。

　何がポイントとなるかは、資料の内容によって異なります。が、やはり、ここでも重要な点は上司の視点になって考えることです。課長や部長に提出する資料であれば、首脳部、議会、住民団体など、必ず押さえておくべき視点はありますので、こうした視点を外すことはできません。

上司に状況や経過を報告する資料の例①

平成 26 年 5 月 22 日
保育課　藤原

指定管理者募集に伴う
社会福祉法人の訪問について

1　内容
　市立△△園（28年民営化予定）の指定管理者への応募の有無について、社会福祉法人の意向等を確認するため以下のとおり訪問調査を行った。

2　訪問者
　山田保育係長、佐藤民営化担当係長、藤原

3　持参資料
　①今後の公設民営化について
　②保育園整備の予定表
　③△△保育園指定管理者募集要項
　④26年度入園のしおり

4　訪問先及び内容

法人名	訪問日	対応者	内容
◆◆	4/4	原理事長	
■■	4/8	岡園長	
××	4/15	山西園長	

上司に状況や経過を報告する資料の例②

平成 26 年 7 月 29 日
議会事務局　山下

議会のインターネット中継について

1　概要
（1）　経過
　　平成 26 年 6 月 11 日の朝刊各紙（3 大紙）に、○○市議会で議会をネット中継することが報じられ、この状況について調査を行った。
（2）　内容
　　インターネット中継については次の 2 通りがある。

①ライブ型	議会の模様をリアルタイムで、インターネットに配信する
②ビデオ型	ホームページ上にファイルを置き、必要に応じて見られる

2　他市の状況
　平成 26 年 6 月現在、他市の状況は以下のとおりである。

自治体名	ライブ型	ビデオ型
A		○
B		○
C	○	○

－△△社調査による

3　導入のメリット・デメリット
　本システムを導入した場合の効果等は次のようなものが想定される。

メリット	デメリット
①議会の情報公開の進展 ②委員会も公開（配信）した場合、委員会記録の開示請求が減少すると想定される	①財政負担 ②不規則発言への対応など、公開方法の策定 ③職員の事務量増加（特に、ネットワーク知識が必要）

4　経費
　本市議会へ導入した場合の概算は、△△社が以下のように試算した。

種別	金額	主な内訳
導入経費	約 370 万円	パソコン等（約 80 万）、工事費（約 50 万）、システム構築費（約 180 万）
年間経費	約 320 万円	配信サーバのレンタル料（約 240 万）、保守費（約 36 万）

3 住民説明会のレジュメ資料

レジュメとは

　次に、住民説明会のレジュメ資料です。すでに皆さんご存知だと思いますが、レジュメとは要約、要点の抜書きの意味で、もともとはフランス語でレジメとも呼ばれます。住民説明会などでの実際の活用場面には、次のようなものが想定されます。

　①ごみ収集の方法が変更することになり、1）分別方法の変更、2）収集日の変更、3）その他の注意事項、の3点について住民に説明することとなった。それぞれに資料があるものの、住民に伝えたいポイントだけをレジュメにまとめ、それをもとに説明会を開催。

　②小学校で保護者会を開催し、アレルギー対策の手引きについて説明することとなった。分量のある冊子のため、ポイントだけを抜き出し、レジュメを作成し、それに基づいて説明。

参加者にとってわかりやすいことが第一

　レジュメ作成の注意点にあたっては、参加者にとってわかりやすいものであることが第一です。あくまで要点だけをまとめているので、例外や稀なケースについては省き、ポイントだけを整理することです。

　また、相手にとってわかりやすいことが重要ですから、参加者に応じた内容の構成、文字の大きさなどにも配慮が必要です。参加者が当然知っていることをダラダラ書いたり、反対に専門用語ばかりを並べたり、また高齢者が中心なのに小さな文字で書かれていたりしたら、レジュメとしての役割を果たしません。

住民説明会のレジュメ資料の例①

平成 26 年 9 月 1 日
○○市△△文化センター

○○市の防災体制について

○○市役所防災課長　秋田将人

1　防災対策の必要性
（1）　阪神・淡路大震災の被害

【質問】①死者は約 6,400 人でしたが、死亡原因の第 1 位は何でしょうか？
　　　　②救助を必要としていた人は 35,000 人。このうち約 8 割にあたる 27,000 人は誰に救助されたでしょうか？
　　　　③地震発生から 15 分の間に、神戸市だけで何件の火災が発生したでしょうか？

（2）　自助・共助・公助
　　　防災対策は、自助・共助・公助が重要

　　　・自助・・・家庭の防災対策
　　　・共助・・・地域の防災対策
　　　・公助・・・公的機関の防災対策

　　　地震被害を減らすためには、家庭・地域・公的機関それぞれの防災対策が重要！

2　家庭の防災対策（自助）
（1）　建物の耐震化
　　　木造住宅耐震診断、マンション耐震診断助成
（2）　家具の転倒防止等
　　　転倒防止金具・ガラス飛散防止フィルムの取付
（3）　非常持出品の準備
　　　①食　料・・・食品 3 日分、水（大人一人 1 日 3 リットル）3 日分
　　　②その他・・・懐中電灯、携帯ラジオ、貴重品、救急医薬品等
（4）　初期消火
　　　①地震発生後、身の安全を確保し、出火している場合は初期消火に努める
　　　②消火器の使い方
（5）　家族の防災会議
　　　①避難方法の確認・・・「一時集合場所」「避難所」「避難場所」
　　　　　　　※地区内残留地区

②連絡方法の確認···NTT 災害用伝言ダイヤル、○○市 HP 安否情報システム等
【参考】各地域の特徴···「地域危険度測定調査結果」(2002 年)

3　地域の防災対策（共助）
(1)　地域の情報収集と整備
　①要援護者・要援護施設、人材、危険箇所の把握
　②応急資機材の整備
(2)　避難計画の作成
　①災害時の体制
　②避難方法の確立
(3)　防災訓練の実施等
　①消防署による訓練
　②応急救急訓練

4　○○市の防災対策（公助）
(1)　備蓄物資
　　食料品、生活必需品、資機材等
(2)　防災無線
　①同報無線
　②地域系無線
　③情報配信システム
(3)　○○市防災センター
(4)　広報・啓発
　　パンフレット等の作成、起震車の貸出、自主防災訓練の奨励と支援、防災用品のあっせん等

5　「モシモ型防災」から「イツモ型防災」へ

「モシモ型防災」	「イツモ型防災」
・もしも地震が来たら··· ・防災訓練は年1回の年中行事 ・防災はお勉強、研修で学ぶこと	・いつ、どこで地震が起きても··· ・毎日の生活の中に防災

【参考文献】『地震イツモノート』地震イツモプロジェクト編、木楽舎

4 首長への説明資料

ポイント、立場、見やすさ

　次に、首長への説明資料です。首長は忙しい人ですから、通常の資料以上に、ポイントを的確にまとめること、首長の立場に配慮すること、見やすいものであること、が求められます。

　第一に、ポイントを的確にまとめることは、「何がどうなる」、「何がどうなった」という結果や結論を簡潔にまとめることです。実は、首長は職員よりも地域の実情に詳しかったりするので、経緯や理由を書かなくても、その結論を知っただけでその背景を理解しているようなこともあります。資料によっては、単に結論だけを並べて、経緯や理由を省略してしまう場合もあります。

　第二に、首長の立場に配慮し、「首長は何を知りたいのか」ということを念頭に資料にまとめます。もちろん、首長の真意を理解することができず、作成した資料との間にズレが生じることもあります。例えば、地域の非常に細かい実情について興味を持っていて、資料を見せると「この点については、どうなった？」と突っ込まれることもあり、資料作成の意図と首長の認識が合っていないこともあります。

　第三に、見やすいことです。例えば、高齢者の首長には文字を大きくする、全体像を理解してもらうためにあえてＡ３判の用紙を使う、図表を活用する、資料をカラーにするなど、工夫する方法はいくつか考えられます。

　とにかく、短時間で理解してもらうことが重要ですので、こうした点について十分配慮してください。

首長への説明資料の例

平成22年9月3日

○○地区における
幼稚園需要への対応について

1　概要

　平成26年4月から入居開始となる、○○地区の幼稚園需要に対して、私立幼稚園ではなく、認定こども園の整備で対応することとしたい。

【○○地区開発計画】

平成26年4月	A1地区　500戸入居 公共・公益施設（認可保育所等）開設
平成27年4月	A2地区　600戸入居 A3地区　700戸入居

2　理由
 (1) 待機児童対策として有効
 (2) 賃貸料の減額率が高く、法人が参入しやすい
　　○減額率　①保育所機能（100％）、②幼稚園（50％）、③共有部分（100％）
　〔参考〕
　　△△の認定こども園は月額500,000円だが、幼稚園単独と仮定すると3,000,000円となる。

3　運営法人の選定方法
　市内事業者を優先して選定する。

4　今後のスケジュール
　平成22年12月　　　認定こども園設置を県に協議
　平成23年度　　　　法人選定
　平成26年4月　　　 開園

5 議員への説明資料

議員が気になるポイント

　議員への説明資料も、基本的には首長への説明資料と同様に、ポイント、立場、見やすさが重要になります。特に、議員への資料だからといって、特別に手を加える必要はないのですが、いくつかの注意が必要です。

　第一に、公平性です。特定の議員に配付する資料であれば、その議員向けの資料を準備すればよいのですが、多くの議員が見る資料であれば、公平であることが重要です。特定の議員にリップサービスのつもりで書いた資料が、広く一般に出回ってしまい、その資料に別の議員が異論を唱えるということになると、行政側が窮地に立たされます。

　基本的には、議員への資料は誰にでも同様の資料とし、同様の説明をすることです。

　第二に、地盤です。議員は誰しも地盤を抱えていますから、自分の地盤にとってメリットなのか、デメリットなのかについては、非常に気になります。市全体の施策をまとめたとしても、それが自分の地域にとってどのような影響があるのかは、非常に気にしています。特定の地域に影響がある場合や、地域にアンバランスが生じるような場合には、資料のまとめ方にも十分注意が必要です。

　第三に、情報開示の時期です。議員にとっては、「町会長は知っているのに、自分への連絡が遅い」、「他の議員は聞いているのに、自分は聞いていない」ということを極度に嫌がります。庁内での意思決定の時期、対外的に公表した時期などについて資料に書きこむだけで、そうした議員の心配を解消することができます。

議員への説明資料のポイント

1　公平性

基本は、どの議員にも同じ資料で、同じ説明を
　⇒　特定の議員にリップサービスした資料が、一般に出回ってしまうと、行政が窮地に陥ることに

2　地盤

議員は誰もが地盤を抱えている
　⇒　特定の地域に影響があるような場合、地域にアンバランスがあるような場合には、注意が必要

3　情報開示の時期

「町会長は知っているのに、自分への連絡が遅い」
などは極度に嫌がる
　⇒　庁内の意思決定の時期、対外的に公表した時期などを資料に書き、議員の不安を解消する

6 行政視察対応資料

調査事項、基本情報、PR情報

　行政視察は、他自治体の職員などが先進的な取組みや事業などを視察するものです。こうした行政視察での資料についてのポイントをいくつか整理したいと思います。

　第一に、視察側の調査事項の確認です。視察側は、基本的に「知りたいこと」「聞きたいこと」が明確になっています。ケースによっては、事前に調査票を視察先の自治体に送付し、当日はその調査票に基づき内容の確認、ヒアリングを行うこともあります。

　視察の受入先が、既存の資料で対応することもありますが、限られた時間の中で、視察側の要望に応えるにはどうしたらよいのか、事前に十分検討が必要です。もちろん、視察の受入先が過度の負担をすることは、業務に支障がありますので、バランスが問われます。

　第二に、市政の基本情報の提供です。どの自治体にも、市政の基本情報をまとめた資料があると思います。視察側は後日報告書を作成することになりますので、人口や予算規模、面積などの基本情報をまとめた資料について渡しておくと、視察側には有益です。先進的な取組みを行っていても、「こうした取組みができるのも、予算規模や産業の違いが影響しているからだ」と、そうした資料で冷静に判断することもできるのです。

　第三に、市政のPR資料です。視察は単に受け入れて終わり、ということではなく、自分の自治体のファンを増やすことにもつながります。積極的に観光や産業に関するの資料を配付し、PRにつなげます。また、視察の受入れが決まると事務量は増えるものの、他の自治体の担当者や議員と話すことは、視野を広げてくれる機会にもなります。

行政視察対応資料の例

◆行政視察の調査票の例

NO	質　問	回　答
1	広告掲載要綱策定にあたって、検討会等の立ち上げを行いましたか。また、策定にあたっては、どの程度の期間を要しましたか。	
2	要綱策定の経緯及び広告掲載基準を設定するにあたっての問題点はどのようなものでしたか。	
3	広告掲載委員会の構成メンバーと、その選定理由をご教示ください。	

◆行政視察対応資料の例

平成 23 年 12 月 15 日

本市の学校選択制度について

1　小・中学校の学校選択制の実施状況について
　(1)　学校選択の概要とスケジュール（P.8 〜 12）
　(2)　学校選択結果（P.13 〜 18）

2　学校選択制導入の経緯、メリット・デメリットの検討状況について
　(1)　制度導入経緯（P.1）
　(2)　メリット・デメリット（P.4 〜 7）

3　学校選択制実施後の課題とその対応について
　(1)　制度改正（P.2）
　(2)　課題への対応

4　施設収容対策、学級編制等の考慮について
5　学校の情報公開について
6　通学路の安全確保や地域コミュニティ等について

第6章　相手を動かす資料をつくる

7 新制度の課内での検討資料

検討資料の目的は

　次に、新制度の課内での検討資料です。新しい制度を構築するにあたり、課内で検討してもらうため、その叩き台となる資料を作成するのです。この目的は、あくまで叩き台なので、多くの職員から意見を言ってもらいダメな部分を修正するとともに、見落とした点がないか、多くの職員のチェックを受けることにあります。

　このため、あまり細部にこだわらず、基本的な方向からだんだん細かい点をまとめていく、といった流れになります。例えば、担当職員が素案を考えて課内で検討、その意見を反映した資料を作成し、再び課内で検討といったことを繰り返し、最終的には課長や部長の了承をもらうことになります。

ブレインストーミングで検討する

　資料をブラッシュアップする段階になれば、だんだんと精度の高いものになっていきます。しかし、最初の叩き台にあたっては、費用対効果を明確にしたり、他自治体の状況を記載するなど、基本的な事柄についてまとめることが必要となります。

　なお、検討にあたっては、叩き台の資料をもとに出席した職員がさまざまな意見を出すことが求められます。ブレインストーミングなどの手法が役立ちます。

新制度の課内での検討資料の例

平成 26 年 11 月
議会事務局　伊藤

文書質問の制度化について

1　経過及び問題点

　平成 26 年第 4 回定例会において、告示日に××議員より一般質問の通告があったが、その後、同議員は病気により入院となり、本会議での一般質問が不可能となった。このため、文書質問の方法が検討され幹事長会(11月25日)及び議会運営委員会(同26日)で了承された。これにより、本会議初日に文書質問書を、最終日に答弁書をそれぞれ全議員に配布した。

　文書質問は、本市議会では今回初めて行われた。しかし、今回は議員の入院という特殊事情により緊急避難的に行われたものであり、今後、文書質問の制度については、根本的に検討を行う必要がある。

2　文書質問の制度（案）

　以上のことから、文書質問の制度（案）を次のように整備することとしたい。

(1)　内容

　　文書質問は、議員の質問通告後、入院等の理由で一般質問ができない場合、幹事長会・議会運営委員会で了承の後、行うことができる。

(2)　根拠

　　議運の申し合わせ「市政一般質問について」に次の文言を加える。
「7　文書質問について
議員の質問通告後、入院等の理由で一般質問が不可能な場合、幹事長会・議会運営委員会で了承の後、文書質問に代えることができる」
※文書質問は一般質問ができなくなった場合の、緊急避難的措置と位置付ける

(3)　事務手続

①議長あて質問通告（締切日までに提出）
②一般質問不可の理由（入院等）が発生、文書質問に変更希望
③幹事長会、議運に付議・了承
④文書質問書を議長あて提出＜資料１＞
⑤議長は文書質問書を執行機関に送付する＜資料２＞と同時に、本会議初日に議場に配布（議員のみ）＜資料３＞
⑥執行機関より答弁書を受領、本会議最終日に議場に配布（議員のみ）＜資料４＞
⑦文書質問書及び答弁書を会議録に掲載

第6章　相手を動かす資料をつくる

8 議会での想定質問

一問一答、簡潔明瞭

　最後に、議会での想定質問です。議会だけではなく、住民説明会でも学校の保護者連絡会でもよいのですが、「このような質問がされたときに、どのように回答するか」をまとめたものです。多くの自治体でも活用されていると思うのですが、ポイントをいくつか整理したいと思います。

　第一に、質問は一問一答で、簡潔明瞭にまとめることです。こうした想定問答は議会でも住民説明会でも、すぐに見つけ出して、答えることが重要です（もちろん、暗記していれば探すことは不要ですが）。そのため、複数の質問を詰め込んだり、レアケースばかりを掲載していたのでは、量が膨大になってしまいます。一問一答で簡潔明瞭にまとめることが必要です。

図表、箇条書きを多用

　第二に、図表・箇条書きを多用することです。急な質問に対して的確に回答することが目的ですから、長文の文章は不適切です。図表や箇条書きを活用して、一見して何が書いてあるかわかることが重要です。長文の文章で書いてあっても、見つけ出すのは困難です。

　第三に、目次が重要です。一問一答がきれいに整理されていても、その数が膨大であれば、該当の一問一答を見つけること自体が大変です。そのためには、きれいに項目の整理がされていることが重要です。

　なお、整理方法は、活用する本人にとって最もわかりやすいもので構いません。

想定質問表の例

平成　年　月　日

想定問答

1

(1)	【質問】
	(回答)
(2)	【質問】
	(回答)
(3)	【質問】
	(回答)

2

(1)	【質問】
	(回答)
(2)	【質問】
	(回答)
(3)	【質問】
	(回答)

3

(1)	【質問】
	(回答)
(2)	【質問】
	(回答)
(3)	【質問】
	(回答)

コラム6 説明にも重要な論理性

忙しい上司、説明だけで判断する

　すでに述べたとおり、資料には論理的な構成が必要ですが、説明にも論理性が重要です。資料が論理的に構成されており、その内容に基づいて説明できる時間があればよいのですが、そのような説明の時間がないということもよくあることです。

　本当に忙しい上司などは、資料をもらっても見る暇もないことから、「口頭で説明してくれ」と部下の説明を求め、それだけで判断することもあります。その際、部下の説明が首尾一貫していなかったり、バラバラであったりしたら、「何を言っているんだ！　よくわからん」と一喝されて終わりです。このように、資料だけでなく説明にも論理性が重要なのです。

論理的な説明とは

　では、具体的に論理的な説明とは、どのようなものでしょうか。例えば、次のようなことが想定できます。
①結論、理由、根拠の順に説明
②経緯を説明した上、その結果、今後の対応を説明
③事実と今後の見込みを分けて説明

　説明においても、きちんと筋がとおり、順序立てて話すことが重要となります。場合によっては、資料の特に重要な部分にだけマーカーして、非常に目立つようにするといった工夫も必要かもしれません。

　なお、話すことが苦手な場合には、何を伝えるべきか箇条書きにまとめておくと、わかりやすいでしょう。

● 著者紹介

秋田 将人 （あきたまさと・筆名）

基礎自治体の管理職。
これまで保育、防災、教育、福祉事務所などの現場から、人事、企画、財政、議会などの内部管理部門まで幅広く勤務。専門誌への投稿や研修講師なども行う。
著書に『残業ゼロで結果を出す 公務員の仕事のルール』『ストレスゼロで成果を上げる 公務員の係長のルール』（学陽書房）がある。

見やすい! 伝わる!
公務員の文書・資料のつくり方

2014年10月24日　初版発行
2020年　6月24日　8刷発行

　　著　者　秋田将人
　　発行者　佐久間重嘉
　　発行所　学陽書房
　　　　　〒102-0072　東京都千代田区飯田橋1-9-3
　　　　　営業部／電話　03-3261-1111　FAX 03-5211-3300
　　　　　編集部／電話　03-3261-1112
　　　　　http//www.gakuyo.co.jp/
　　　　　振替　00170-4-84240

ブックデザイン／佐藤 博
印刷・製本／三省堂印刷

Ⓒ Masato Akita 2014. Printed in japan
ISBN 978-4-313-15080-5 C0034
乱丁・落丁本は、送料小社負担にてお取り替え致します。